KB164501

페미니즘 쉼표,
이분법 앞에서

페미니즘 쉼표, 이분법 앞에서

ⓒ 정경직·최성용·이아름·정연, 2019

초판 1쇄	2019년 3월 29일
지은이	정경직·최성용·이아름·정연
기획	바꿈청년네트워크

출판책임	박성규	펴낸이	이정원
편집진행	이수연	펴낸곳	도서출판 들녘
디자인진행	김정호	등록일자	1987년 12월 12일
편집	박세중·이동하	등록번호	10-156
디자인	조미경·김원중	주소	경기도 파주시 회동길 198
마케팅	이광호	전화	031-955-7374 (대표)
경영지원	김은주·장경선		031-955-7381 (편집)
제작관리	구법모	팩스	031-955-7393
물류관리	엄철용	이메일	dulnyouk@dulnyouk.co.kr
		홈페이지	www.dulnyouk.co.kr

ISBN	979-11-5925-396-6(04300)	CIP	2019009965
	979-11-5925-394-2(세트)		

이 도서의 국립중앙도서관 출판예정도서목록(CIP)은 서지정보유통지원시스템 홈페이지
(http://seoji.nl.go.kr)와 국가자료공동목록시스템(http://www.nl.go.kr/kolisnet)에서 이용하실 수 있습니

페미니즘 쉼표,
이분법 앞에서

정경직·최성용·이아름·정연 지음

차례

지배하는 말들에 지지 않는 법: '너의 잘못'이라는 사적인 폭력 앞에서 _정연 …127

여는글

이 책은 2018년 한국 사회, 페미니즘을 둘러싸고 수많은 토론과 논쟁이 벌어지고 있는 한복판에서 기획되었다. 우리는 처음에는 각기 다른 문제의식으로 페미니즘 담론과 논쟁에 개입하고자 했다. 그래서 각기 상이한 주제와 키워드를 가지고 글을 쓰기 시작했으나, 결국 서로의 문제의식이 서로 연결되고 교차하고 있음을 알 수 있었다. 우리는 같은 시공간을 공유하며 살아가는 페미니스트들로서, 각자의 부족함과 불완전성, 취약성을 인정하고, 서로 의지하며 함께 글을 써나갔다. 우리는 페미니즘이 극복하고자 했던 이분법에 포섭되지 않는 새로운 정치의 가능성을 탐구하고, 어떻게 세상을 변화시킬 수 있을지 고민했다.

정경직은 온·오프라인을 가로지르며 질주하는 페미니즘 담론을 분석한다. 그는 이를 '속도의 페미니즘'으로 규정하고, 속도의 페미니즘이 주조하는 행위 양식과 효과를 사유하고자 했다. 속도의 페미니즘은 순간적인 규정, 빠른 확산, 신속한 대응, 가벼운 행위 등을 바탕으로 하는 속도전을 통해 많은 성과를 거두었다. 그러나 동시에 페미니즘의 심층적이고 입체적인 논의가 다소 평면화되는 역효과를 발생시키기도 했다.

정경직은 속도를 활용하는 속도의 페미니즘의 전술이 양날의 검으로 작동할 수 있음을 환기한다. 또한 페미니스트에 대항하는 세력들의 논리를 분석함으로써 속도를 소거하는 타자화가 어떻게 활용될 수 있는지 다룬다. 이어 속도를 가진 존재인 우리와 사회의 변화 가능성을 제시한다.

이를 위해 페미니즘적으로 속도를 재사유하기를 제안한다. 우리는 모두 시간의 흐름과 공간의 이동에서 자유롭지 않은, 항상 변화하는 존재들이다. 그러므로 속도는 우리에게 제약만을 부과하는 것이 아니라, 동시에 가능성을 부여하는 조건이다. 따라서 이런 조건을 받아들이고, 이를 기반으로 하는 정치학을 구축해야 한다.

최성용은 정치적 올바름에 대한 글을 썼다. 정치적 올바름은 사람들에게 다양한 용법으로 이해되고 있으며, 정치적 올바름에 대한 상이한 견해들은 여러 가지 긴장을 낳는다. 정치적 올바름의 논리를 적극 사용하는 페미니스트들도 자칫 그에 내포된 도덕주의에 말려들면 맥락적 사고가 제약되고 정치적으로도 경직될 우려가 있다. 경직된 도덕주의 논리에 비판받은 이는 스스로 반성하고 성찰하지 않고, 도리어 지나치게 도덕적이라고 상대를 나무라곤 한다. 이러한 비판은 정치적 올바름의 문제를 행위자 개인에게 달린 것으로 이해하는

것이다

그러나 최성용은 정치적 올바름을 단순히 도덕적 판단이나 윤리의 강요로 이해하지 않는다. 정치적 올바름은 페미니즘, 다양한 소수자와 약자에 대한 비하·차별·모욕·혐오를 거부하고, 페미니즘이 상식적 규범으로 자리잡을 수 있도록 하는 방법 혹은 전술이다. 따라서 그는 정치적 올바름 자체가 아니라, 정치적 올바름이 자칫 '맥락'을 소거하고 도덕주의적으로 흐를 수 있다는 것을 경계하고 있는 것이다.

페미니즘은 아직 우리 사회에서 상식적 규범·세계관의 지위를 차지하지 못하고 있다. 사회에서 상식으로 자리잡은 공용어라기보단 아직까지 방언의 지위에 머무르고 있다는 것이다. 따라서 최성용은 페미니즘을 우리 사회의 공용어의 지위에 올려놓을 수 있는 유연한 정치학을 고민한다.

이아름은 최근의 페미니즘 담론에 강력하게 결부되어 있는 당사자주의를 문제삼는다. 페미니즘에서 당사자주의란 젠더 억압을 받는 피해자로서의 여성, 또는 소수자의 정체성을 가진 당사자가 실존한다고 여기는 주장을 의미한다. 메갈리아가 탄생한 이래로 이어져온 페미니즘 리부트feminism reboot 세대가 벌이는 논쟁을 보고 있노라면 누가 더 젠더 억압의 당사자인지, 누가 더 피해자인지, 누가 가장 당사자다운 당사자인지를 경합하는 경우가 많다. 그런 구도에서는 공통된 억압의 경험과 정체성을 확보하기 위한 경계들이 견고하게 구성된다. 예컨대 '생물학적 여성' '퀴어' '트랜스젠더' 등의 당사자와 '메일바디male body' '앨라이ally' '비퀴어' 등의 비당사자의 구분이 그것이다. 이렇게 분할되어 구성된 정체성 간에는 서로 이해할 수 없는 '당사자의 경험'이라는 토대가 자리한다.

이아름은 이런 구도를 문제삼으며, 주디스 버틀러Judith Butler가 제공한 이론적 자원을 통해 안정된 당사자 주체를 재현하려는 시도를 비판한다. 그리고 그런 배타적 실천을 넘어서서 '나'와 '너'라는 윤리적 호명을 통해 서로에게로 확장되는 정치적·윤리적 지향점을 제시하고자 하였다.

정연은 자신의 가족 내에서 발생한 젠더폭력의 경험에서 출발하여 폭력의 원인을 약자에게 전가하고 이를 정당화하는 사고가 사건 당사자들의 사건 해석에 어떻게 연루되어 폭력의 지속적인 재생산에 일조하게 되는지 분석한다.

가부장적인 사회에서 힘·권력·지식·자본 등의 헤게모니적 남성성을 체현하지 못하는 남성은 대신 폭력·협박·치킨게임·자작극 등의 주변적 남성성을 체현한다.* 이런 구도 때문

---

* 정희진, 「한국 남성의 식민성과 여성주의 이론」, 『한국 남성을 분석한다』, 교양인, 2017, 50쪽.

에 가족 내에서 발생하는 폭력의 해석은 왜곡되고 혼란스러워진다. 정연의 가족 내에서 직접적 폭력의 행사자인 아버지는 자신을 피해자로 정체화하고, 자신이 행한 폭력의 원인을 타자에게 떠넘긴다. 그리고 가스라이팅gaslighting에 노출된 어머니는 결국 자신의 경험을 믿지 못하는 자기 의심과 불안에 시달리게 된다. 정연은 이런 해석을 넘어서기 위해, 폭력에 작동하는 구조적 힘과 피해와 가해 경험의 입체성을 드러내는 사유가 필요함을 역설한다. 따라서 고통에 대한 이분법적이고 즉자적인 사고를 넘어서는 사유를 할 것을 제안한다.

우리는 각자 독립적인 글의 저자들이라기보다, 우리가 함께 살아가는 이 시대의 사건들과 맥락들, 수많은 페미니스트들의 고민들과 담론들을 엮어내며 '텍스트를 직조하는 이들'이었다. 우리는 함께 책과 텍스트 들을 읽고, 세미나를 하고, 토론하는 치열한 과정에서 우리가 적어 내려가야 할 문장들을 만날 수 있었다. 이렇게 엮어낸 우리의 문장들이 여러분과 만나 또다시 수많은 고민들을, 심도 깊은 사유를, 더 비판적인 담론들을 생산하기를 기대한다.

저자들을 대표하여

정경직 씀

속도와 페미니즘을 재사유하다

재사유하다

_정경직

속도를 사유한다는 것

"나는 페미니스트다." 그런데 페미니스트라는 것은 나의 선천적인 정체성일까? 그렇지 않다. 태어날 때부터 페미니스트였던 이는 없다. 페미니스트라는 정체성은 자신을 페미니스트라고 칭하는 행위를 통해서 구성된다. 스스로 페미니스트라고 주장하는 이들은 수없이 많지만, 그들이 모두 '완결된 페미니스트'인 것은 아니다. 어느 누구도 완성된 페미니스트일 수는 없다. 자신을 페미니스트라고 칭하는 것은 성차별적인 이 사회를 바꾸고 싶다는 의지의 표명이다. 따라서 자신을 페미니스트로 정체화한 채로 더 이상 사유하지 않는 것은 위험한 일이다. 자신을 완결 지음으로써 어떤 정박점에 안주하고자 하는 욕망은 죽음의 충동이다. 더 이상 사유하지 않겠다는 의지, 더는 변화하지 않겠다는 선언은 스스로를 멈추게 만든다.

이는 비단 페미니스트에게만 해당되는 말은 아니다. 그 어떤 철학자도 철학하기를 그만둔 채로 철학자일 수는 없다. 그 어떤 과학자도 과학적 탐구를 멈춘 채로 과학자일 수는 없다. 그 어떤 철학자나 과학자라도 사유를 새로이 하지 않고 비판을 수용하지 않는 것은 문제적이다. 우리는 이미 자신을 고립시켰던 수많은 지식인들이 도처에서 몰락하는 것을 목격했다.

세상을 알아간다는 것은 단순히 기존의 지식에 더하기를 반복하는 것이 아니다. 오히려 기존 지식의 수정을 요구하고, 통념을 깨부수며, 체계 전체를 뒤엎어버리고 지식과 권력의 연결망을 흔드는 일이다. 따라서 자신의 견해를 철회·수정할 줄 알고, 비판에 열려 있는 자세를 가지는 것은 세상을 알아가고 변화시키고자 하는 이에게 반드시 수반되어야 하는 태도다. 이런 태도는 자신의 견해를 고집하고, 정당화하고, 포기하지 않는 것보다 더 엄청난 용기를 필요로 하는 일이다.

그런데 일각에서는 페미니즘의 비일관성·미완결성·다양성을 이유로 페미니즘을 비과학적이고 체계적이지 못한 사상으로 평가절하하거나, 심지어는 철학이 아니라고 주장하고 있다. 참으로 재미있는 주장이다. 과연 철학이나 과학은 체계적이고 일관되며, 완결된 학문일까? 답은 명백하다. 소위 '과학적인' 학문의 대표로 여겨지는 물리학이나 경제학 등의 분야에서도 여전히 수많은 이들이 새 논문을 발표하고, 이질적인 가설을 제시하며, 기존의 이론을 반박하는 등 치열한 논쟁의 역사를 이어가고 있다. 즉, 완결되지 않고 왕성한 토론이 이루어지는 분야는 오히려 가장 생명력 있는 학문인 것이다. 논쟁이 끝나고, 더 이상 연구할 내용이 없는 학문, 문제 제기할 것이 없는 운동, 새로운 해석 없이 원전만을 읊어대는 교조주의는 체계적이고 일관되며 완결된 것이 아니라, 죽은 것이다.

때문에 나는 미완임에도 불구하고 페미니스트라 발화한다. 이는 결코 내가 성차별주의에서 완전히 벗어난 존재임을 천명하는 것이 아니다. 오히려 내 삶에 성차별주의는 뿌리 깊이 연루되어 있다. 그럼에도 스스로를 페미니스트라 정체화하는 이유는 성차별주의와 끊임없이 불화하고자 함이다.

자신의 부족함과 부분성을 성찰하는 것이 비판적 사유의 시작이다. 이 시공간 속에서 변화하는 존재인 자신과 세계를 생각하는 것이 앎을 가능하게 한다. 그리고 변화를 사유할 때 떠오르는 개념이 바로 '속도'다. 시공간을 가로지르는 개념인 속도는 시간과 공간, 그리고 나와 함께 관계 맺으며 존재하는 많은 것들의 변천을 생각할 수 있게 하는 개념이다.

몇몇은 속도라는 개념이 추상적이고 어려워 보인다고 말했다. 그러나 어려울 것 없다. 우리는 모두 나름의 속도를 갖고 살아가는 존재이고, 살아간다는 것은 시간의 흐름과 공간의 이동을 겪는 것이다. 그러니 속도를 사유하자는 것은 시공간, 변화하는 나와 세계, 그리고 페미니즘을 생각해보자는 이야기다. 이제 지금, 여기를 다뤄보자. 2019년 한국 사회라는 지리적·사회적 공간의 매트릭스에 위치하는, 즉 특정한 시공간적·사회적 맥락 속에 살아가는 우리들의 이야기를.

속도의 페미니즘

불화를 만드는 인식 틀: 페미니즘

페미니즘은 새로운 지식 체계이자 인식 틀로서, 기존에 당연하게 보이던 것들을 의심하게 만든다. 따라서 페미니즘은 기존의 시각과 관점으로는 보이지 않던 것들을 포착할 수 있게 해주는 일종의 렌즈로도 비유된다. 페미니즘은 이 사회가 얼마나 성별화되어 있는지, 그 성별화가 어떤 효과를 발생시켰는지, 어떤 이를 차별하고 배제시켰으며, 어떤 것을 은폐해왔는지 등을 보여준다. 그러므로 페미니즘을 공부함에 따라 일상의 수많은 것들이 불편해지는 경험은 당연한 것이다. 이는 새로운 지식의 출현에 반드시 따르는 현상이다.

예컨대 이제는 우리에게 당연한 지식으로 받아들여지는 미생물·세균·바이러스 등의 존재는 사실 밝혀진 지 그리 오래되지 않았다. 루이 파스퇴르와 로베르트 코흐의 성과가 퍼진 것은 지금으로부터 불과 약 150년 전인 1880년대에 이르러서였다. 프랑스의 생물학자이자 미생물학의 아버지로 불리는 루이 파스퇴르는 현미경을 이용해, 질병에 감염되는 것은 미생물이 동물이나 인간의 신체에 침입하기 때문이라는 사실을 밝혀냈다. 파스퇴르의 발견 이전까지 의사들은 질병의 감염 경로를 제대로 파악하지 못했고, 오히려 의사가 질병에 감염되거나 의사들의 손을 통해 병이 전파되는 경우가 수두룩했다. 그런데 '렌즈'를 바꾸고 나니, 기존의 '치료하는 손'이 이제는 '세균이 득실거리는 손'으로 달리 보이게 되었다. 그리고 이런 시각의 변화는 세균에 대항할 수 있는 살균법과 백신의 발명으로 이어졌다. 그러나 여기까지 이르는 과정은 결코 평탄하지 않았다. 파스퇴르가 사람들에게 세균을 처음 보여줬을 때, 사람들은 혼비백산해서 자리를 박차고 나가거나, 기도를 하거나, 아예 믿지 않는 등 다양한 반응을 보였다고 한다. 어쨌든 파스퇴르의 발견은 기존 의사들의 지위에 치명적인 타격을 입혔고, 의사들은 파스퇴르의 연구를 부정하기 위해 안간힘을 다했다.

이처럼 당연한 것을 문제적인 것으로 뒤바꿔놓는 인식틀로 세상을 바라보는 것은 일상에서 수없이 마주하지만 인식되지는 않던 차별과 폭력, 배제를 볼 수 있는 안경을 쓰는 것이다. 그것은 아무것도 없는 것처럼 보이는 공간에 널려 있는 미생물의 존재를 깨닫는 것처럼, 자신을 둘러싸고 있는 수많은 불편함과 직면하는 것이다. 일상은 이제 불화의 장이 된다.(물론 기존의 일상도 결코 평온하진 않았겠지만.) 이처럼 페미니즘을 비롯한 새로운 지식은 항상 기존의 규범과 제도로 이루어진 권력 체계와 불화를 일으킨다. 우리가 살아가는 이 시공간의 매트릭스도 중력이 존재하는 것과 마찬가지로, 눈에 보이지 않는 사회적인 힘으로 가득 차 있다.

그러므로 불화는 지식의 전파 과정에서 필연적이다. 다른 사례도 있다. 예컨대 코페르니쿠스가 죽기 직전인 1543년에 지동설을 발표했을 때, 가톨릭 교회는 공개적으로 그의 이론을 반대하고 나섰다. 결국 코페르니쿠스는 지동설이 받아들여지는 것을 보지 못하고 눈을 감았다. 그가 죽고 난 뒤에도 지동설은 여전히 파문을 일으켰다. 심지어 코페르니쿠스 사후 약 70년 뒤에는 그의 책이 금서로 지정되기까지 했다. 이런 상황에서 코페르니쿠스를 계승한 것은 갈릴레오였다. 갈릴레오 역시 탄압을 면치 못했다. 1633년 로마의 종교 재판소에선 그는 자신의 주장을 저주하고 혐오하며 포기한다는 맹세를 하고 나서야 풀려날 수 있었다. 그러나 비록 재판소에서는 풀려났지만, 그 이후에도 갈릴레오는 종신 가택 연금에 처해진 채 생을 마감해야 했다.

왜 지동설은 이렇게 오랫동안 받아들여지지 못했을까? 그것은 새로운 지식이 기존의 지식을 바탕으로 유지되는 권력 체계, 지식과 권력의 연결망을 통째로 뒤흔들기 때문이다. 따라서 당시의 가톨릭 교회가 필사적으로 지동설의 전파를 막

은 것이다. 이 시대에는 지식의 전달이 대부분 책을 통해서
이루어졌기 때문에 지식 전파의 속도를 통제하는 것이 비교
적 용이했다. 그러나 우리가 살아가는 현대는 이전 시대와는
'속도'가 완전히 달라졌다. 이것이 속도의 문제다.

페미니즘, 한국 사회를 관통하다

오늘날의 페미니즘은 빠른 속도와 결합했다. 페미니즘에 속
도를 부여한 조건은 무엇보다도 성차별이 강력하게 작동하는
'현재의 한국 사회'라는 시공간적이고 사회적인 장이다. IT 기
술을 매개로 하는 사이버 매트릭스 또한 지대한 역할을 한다.
이런 조건 덕분에 최근 페미니즘은 엄청난 속도로 질주하며
한국 사회를 관통하는 주요한 이슈가 되었다.

그러나 좀 더 엄밀하게 따져보면, 우리나라에 최초로 여성
학 강의가 개설된 것은 약 40년 전인 1977년이다. 40년간의
전파라 생각한다면 그리 빠른 속도로 여겨지지는 않을지도
모른다.(1987년 6월 민주화운동의 주역인 386세대가 기득권으
로 불리며, 새로운 촛불세대가 등장하기까지 고작 30년밖에 걸
리지 않은 것을 생각한다면.) 그러나 페미니즘 담론이 최근 들
어 엄청난 속도로 확산된 것만은 분명하다.

따라서 이 글에서 지칭하는 '속도의 페미니즘'은 여성학이

나 페미니즘 '일반'이 아니라 메갈리아, 강남역 살인 사건, 해시태그 운동, 미투 운동 등을 통해 한국 사회를 가로지르며 확산된 페미니즘 담론(운동)을 지칭한다. 이를 '넷 페미니즘'이라 규정하지 않는 이유는 이러한 페미니즘 담론의 확산이 단순히 사이버 공간에만 한정되는 것은 아니기 때문이다. 많은 논의들이 보여주듯이 사이버 스페이스와 리얼 월드의 경계는 불분명하다. 온라인을 통해 빠른 속도로 확산된 페미니즘은 오프라인에서도 강력한 영향력을 행사하며 특정한 행위 양식을 주조한다. 따라서 나는 이를 넷 페미니즘이라 칭하기 보다는 속도의 페미니즘이라 부르고 싶다.

이 글의 핵심적인 논점은 다음과 같다. 먼저 속도의 페미니즘은 빠른 확산, 신속한 대응, 가벼운 행위를 가능케 하는 특징 때문에 한국 사회에서 많은 성과를 거둘 수 있었다. 그러나 동시에 특정한 한계를 보이기도 했다. 빠른 속도는 중요하지만, 전부는 아니다. 메르스 갤러리, 메갈리아, 워마드, 다음 카페, 트위터와 페이스북 등 커뮤니티와 SNS를 통해 온라인 상에 형성된 사이버 매트릭스는 페미니즘에 빠른 속도를 부여했지만, 그와 동시에 페미니즘이 오랫동안 논의해왔던 폭넓고 입체적인 논의 내용들은 다소 평면화되는 문제를 낳았다.

질주하는 페미니즘:
속도의 페미니즘의 성과

여성혐오 담론의 확산

2016년 5월 17일, 서울 강남역 인근의 화장실에서 23세 여성이 흉기에 찔려 살해되었다. 범인은 '여성들에게 무시를 당해 범행했다'고 살인의 동기를 밝혔다. 그러나 살해당한 여성은 범인과 아무런 관계가 없는 이였다. 그저 '여성'이란 이유로 살해당한 것이다. 이 살인 사건은 여성혐오* 살인 사건 혹은 여성Female과 살해Cide의 합성어 페미사이드Femicide 즉, 여성 살해로 명명되었다. 이 참혹한 사건은 온·오프라인을 가리지 않고 전파되며 한국 사회에 여성혐오의 심각성을 환기시켰다. 이전에도 수많은 여성 살인 사건이 있었지만, 이 사건들이 대중들에게 여성혐오란 키워드로 언어화·코드화된 적은 없었다. 그런데 이 사건을 계기로, 이전부터 존재해온 여성혐오가 언어적인 담론으로 포착되기 시작했다는 것이다.

　강남역 살인 사건이 발생한 바로 다음 날 오전, 강남역 10번

---

* 　여성혐오라는 용어의 확산에 기여한 일본의 사회학자 우에노 지즈코는 『여성혐오를 혐오한다』에서 여성혐오misogyny란 여성을 싫어한다는 게 아니라 여성을 객체화하고, 여성의 능력을 무시하고, 남성성을 세상의 기준으로 두고 여성의 특성을 구분 짓고, 여성을 성적 대상으로 분류하고 숭배하거나 대상화하는 것이라고 정의한다.

출구 인근에서 시민들의 '포스트잇 추모'가 진행되었다. 사건 이후 시민들이 남긴 포스트잇의 총 수는 무려 3만 5000개에 달했다. 이렇게 신속한 대응은 단발적이거나 휘발적인 것도 아니었다. 사건 이후에도 강남역 살인 사건과 관련한 추모와 분석, 토론과 강연 등이 다발적으로 이어졌고, 사건 후 2년이 지난 2018년 5월 17일에는 피해자를 추모하고, 성폭력 근절을 주장하는 집회가 전국 5개 지역에서 벌어졌다. 이렇게 강남역 살인 사건을 여성혐오라고 명명하고, 빠른 속도로 확산시키며, 신속하게 이루어진 페미니스트들의 대응은 가히 한국 페미니즘 운동에서 하나의 터닝 포인트가 되었다고 할 만하다.

사이버 공간은 여성혐오 담론의 확산에 중요한 역할을 했다. 대표적인 커뮤니티로 2015년 디시인사이드 메르스 갤러리에서 출발하여 탄생한 메갈리아를 꼽을 수 있다. 메갈리아는 메르스 갤러리와 소설 제목 『이갈리아의 딸들』의 합성어이다. 메갈리아는 여성혐오에 대응하기 위한 전략으로 혐오를 되돌려주는 전략인 미러링mirroring을 구사하며 빠른 속도로 온라인 공간에 자리잡았다. 이를 계기로 기존 온라인 커뮤니티들도 재편되었다. 기존 온라인 '여초 커뮤니티'들은 패션·화장품·아이돌·음식 등 주로 '여성적인' 정보가 공유되는 소비 주체 커뮤니티의 성격이 강했다. 그러나 메갈리아의 등장 이후 여성

시대, 쭉빵, 뽐뿌 등의 기존 커뮤니티들에도 여성혐오 담론이 적극적으로 유입되고 재생산되었다.

'여성적인' 소비 주체 커뮤니티와 페미니즘 담론의 결합은 페미니즘 콘텐츠에 대한 폭발적인 수요와 소비를 불러왔다. 이에 부흥하듯 수많은 페미니즘 서적들이 출판되었고, 페미니즘을 다룬 기존 사회과학·인문학 도서들의 판매량도 급증했다. 『나쁜 페미니스트』『우리는 모두 페미니스트가 되어야 합니다』 등의 페미니즘 입문서도 불티나게 팔렸다. 조남주 작가의 소설 『82년생 김지영』은 출간 1년여 만에 50만 부 판매를 달성했고, 2018년 말에는 판매량 100만 부를 돌파하며 밀리언셀러에 올랐다. 출판 시장이 전반적으로 침체되어 있음에도 불구하고 페미니즘 출판 시장은 오히려 확대되어, 국내외 저자들의 의미 있는 저술들이 계속해서 출판되고 있는 상황이다.

거기에 텀블벅 등의 플랫폼을 이용한 크라우드 펀딩Crowd Funding과 같은 새로운 콘텐츠 생산 방식도 가세했다. 크라우드 펀딩은 완성된 상품을 구매하는 것이 아니라, 사전에 재화나 콘텐츠의 기획안을 보여주고 후원자들을 먼저 모은 후에 제작과 결제가 이루어지는 방식이다. 이는 기존 시장의 진입장벽을 획기적으로 낮추며, 생산자와 소비자의 연결을 가능케 한다. 이런 방식으로 출판된 『우리에겐 언어가 필요하다(입이 트이는 페미니즘)』은 2016년 6월 텀블벅에서 후원을 진행, 총 2624명에게 후원받아 목표액의 2184%인 약 4300만 원에 달하는 후원금을 모았고 텀블벅만으로 약 4500권이 판매되었다. 이외에도 독립출판을 통해 발간되는 페미니즘 전문 잡지 등도 계속해서 탄생하고 있다.

속도의 페미니즘은 전통적인 지식 전달 매체인 출판 시장에서의 열풍뿐만 아니라 대중문화의 전 영역을 질주하며 수많은 변화를 촉발시켰다. TV 프로그램·드라마·웹툰·영화·애니메이션·만화·음악·라디오·게임 등 수많은 대중문화와 콘텐츠들은 이제 재미만이 아니라, 페미니즘의 관점에서 (재)평가 되고 있다.

진지로 변모하는 여초 커뮤니티

질주하는 페미니즘의 실천은 여성혐오 담론을 기반으로 전 방위에 걸친 대중문화 비판으로 이어졌다. 일상에서 수없이 행해지던 발화와 행위들이 문제시되고, 그동안 불편함 없이 받아들여지던 콘텐츠들이 담고 있던 여성혐오적인 요소들이 까발려지기 시작했다. 더불어 기존의 여초 커뮤니티들은 상품 정보를 나누고 콘텐츠를 소비하는 소비 주체들의 커뮤니티를 넘어, 여성혐오에 대항하는 진지로 변모했다.

물론, 이런 변모가 단순히 여성혐오 담론의 확산만으로 이루어진 것은 아니다. 한국 사회의 사이버 매트릭스는 그 역사적이고 사회적인 형성 과정에서부터 이미 문제적인 서사를 갖고 있었다. 등장 초기, 사이버 공간은 누구나 접속할 수 있고 가입과 탈퇴가 자유로우며, 시공간적 제약에서 상대적으로 자유로운 특징을 갖는다고 여겨졌다. 그리고 이는 평등한 소통이 이루어지는 공론장에 대한 기대감으로 이어졌다. 그러나 이런 기대가 무색하게 실제로 형성된 사이버 공간도 기존의 권력관계에서 자유롭지 못했다. 사이버 스페이스와 리얼 월드는 완전히 다른 공간이 아니라 서로 밀접하게 연결되어 있는 공간이었다.

이미 많은 선행 연구들이 말해주듯이 사이버 공간 이용의 접근성부터 평등하지 않았다. 자본·국가·지역·기술 등의 다양한 요소들이 컴퓨터나 인터넷, 통신망 등의 물질적 인프라가 보급되는 속도에 영향을 미쳤고, 개개인의 접근성도 계급·계층·직업·연령·성별 등의 영향을 받았다. 따라서 수도권, 대도시에는 인터넷이 더 빠르게 보급되었고, 부와 소득에 따라서 PC의 보급률에도 차이가 있었다. 이처럼 인프라의 구축과 인터넷 접근성 자체부터도 수많은 요소들에 의한 속도 차이가 발생하는데 한국의 사회적인 맥락에서는 이것이 끝이 아니었다.

자유로운 가입과 탈퇴는커녕, 가입 단계에서부터 실명을 인증하기 위한 수단으로 주민등록번호를 수집하는 방식을 채택한 한국의 사이버 매트릭스는 연령주의와 성별 이분법의 작동에 용이한 구조를 이미 내포하고 있었다. 채팅방에 입장하면 상대방의 성별과 연령부터 묻는 관행은 우연히 성립된 것이 아니다. 그것은 이미 한국의 사이버 공간을 구성하는 주요한 문법에 기인하고 있었다.

성별의 측면에만 초점을 맞추면, 온라인상에서 이용자의 성별을 확인하고자 하는 노력은 이용자들 간의 관계에서는 물론이고, 관리자와 이용자의 관계에서도 집요하게 이어졌다. 관리자들은 가입 시 수집한 주민등록번호와 실명 인증 등을 이용해, 남녀라는 이분법적 성별이 표기되도록 하고, 성별을 이용한 마케팅을 적극적으로 펼쳤다. MSN, 버디버디, 네이트온 등 한국 사이버 공간을 장악했던 초창기 메신저들의 특징을 살펴보면 재미있는 점을 발견할 수 있다. 마이크로소프트가 제공하는 MSN은 성별이 직접 드러나지 않는 메신저였지만, 버디버디와 네이트온은 성별 마케팅을 적극적으로 채택한 지극히 '한국적인' 메신저였다는 것이다. 버디버디와 네이트온은 이용자들의 성별을 활용하여 개성과 친밀감을 표현할 수 있는 검색 기능, 채팅방, 아바타와 이모티콘 등을 개발했다. 이는 큰 성공을 거두며 MSN의 점유율을 빠른 속도로 잠식해갔다. 이렇게 성별 마케팅을 이용한 채팅·데이팅·매칭 등의 온라인 서비스는 새로운 관계 방식을 창출했지만, 한편으로는 익명으로 손쉽게 청소년에게 성매매 제의를 할 수 있게 되는 등의 위험을 발생시키기도 했다.

이렇게 형성된 한국의 사이버 매트릭스가 젠더 이슈에서 자유로울 수 없음은 필연적이다. 몇 년 전 온라인에서는 군가산점제 논쟁 등이 벌어지며 여성에 대한 플레이밍flaming*이 횡행했다. 이런 사회적인 맥락 속에서 여성들이 안전하게 정보를 획득하고 놀이 문화를 향유할 수 있는 온라인 공간에 대한 요구가 늘어났고, 여성들은 대피소를 구축하기 시작했다. 이렇게 탄생하게 된 것이 앞서 언급한 여초 커뮤니티이다. 때문에 여초 커뮤니티는 가입 조건을 까다롭게 하는 등 폐쇄적인 방식으로 운영되었다. 온라인 성희롱과 여성혐오 정서를 고려할 때, 남성들의 개입 없이 여성들이 온라인 공간에서 자

---

* 모욕적인 말, 욕설, 적대적인 언어 등 인터넷의 익명성과 개방성을 악용해 상대에게 상처를 주는 행위를 말한다. 흔히 인터넷 게시판 문화에서 드러나며, 특히 여성들이 온라인 공간에서 토론에 참여할 때 격화되는 사례들이 보고되고 있다.

유롭게 대화하고 경험이나 사생활을 공유하며 토론할 수 있는 안전하게 분리된 공간이 필요했던 것이다. 이런 사회적인 맥락들을 고려한다면, 여초 커뮤니티의 변모는 갑작스러운 일이 아니다.

진지전에서 기동전으로

진지를 구축한 여성들이 여성혐오를 비판하고 대응하는 신속한 움직임은 기동전에 비유할 수 있다. 기동전은 병력을 빠른 속도로 움직여 적의 주요 거점을 타격함으로써 전쟁의 주도권과 우위를 확보하는 전술이다. 기동전에서는 전체 병력의 수보다 당장 신속하게 움직일 수 있는 병력의 숫자가 중요하다. 적이라고 간주되는 이의 진입을 제한함으로써, 안전을 확보한 여초 커뮤니티라는 진지에서 여성혐오 콘텐츠의 좌표를 공유하고, 신속하게 대응하여 일시 타격하는 전술의 효과는 상당했다.

이런 전술적 움직임의 대표적인 몇 가지 사례를 간단히 소개하고자 한다. '남성 잡지' 〈맥심〉은 2015년 9월, 여성을 납치·살해하여 시체를 유기하는 상황을 연상시키는 사진을 표지로 내걸었다. 열린 자동차 트렁크 사이로 청테이프로 결박된 여성의 다리가 나와 있고 한 남성이 담배를 피우며 그 옆에 위풍당당하게 서 있는 사진이었다. 이 표지는 순식간에 온라인상에서 여성혐오 콘텐츠로 공유되었고, 수많은 비판이 맥심 코리아로 쇄도했다. 결국 맥심 코리아는 판매 중인 9월호를 전량 회수하여 폐기하고, 공식 사과를 발표했다.

같은 시기에 소라넷 폐지 운동도 물살을 탔다. 소라넷은 1999년 '소라의 가이드'라는 이름으로 출발해 무려 17년간이나 운영되어온, 몰래카메라 영상 유포와 성폭행 모의 등으로 악명이 높은 사이트였다. 경찰이 밝힌 바에 따르면 폐쇄 당시 이 사이트의 회원 수는 최소 100만에 달했다. 진지를 기반으로 한 여성들의 광범위한 확산과 신속한 대응 전술은 소라넷의 폐지에도 큰 역할을 했다.

살펴보았듯 속도의 페미니즘은 온라인 공간을 매개로 한 빠른 확산 속도에 힘입어 큰 성과를 거뒀다. 페이스북·트위터 등의 SNS와 기존 온라인 커뮤니티 등을 통해 전파되는 페미니즘 담론의 가장 큰 무기는 속도라고 할 수 있다. 속도의 페미니즘은 빠른 전파 속도를 기반으로 각종 이슈들을 신속하게 포착하고 발 빠르게 대응할 수 있었다.

이 덕에 강남역 살인 사건이 발생한 바로 다음 날에 포스트잇을 통한 추모가 이루어질 수 있었다. 연예인, 정치인 등의 여성혐오 발언들 또한 순식간에 온라인 공간을 통해 전파되고, 즉각적으로 그에 대한 피드백이 이루어진다. 안희정 충남도지사의 성폭행 의혹이 JTBC 뉴스룸을 통해 보도되자, 바로 당일 그의 트위터 지지자 그룹이었던 팀 스틸버드는 안희정에 대한 지지를 철회하는 입장 발표문을 게시했다. 팀 스틸버드는 피해자와 연대하고 지지를 표하며, 안희정이 주장하던 보편적 인권, 민주주의 절차와 시스템과 같은 가치들이 모두 허위였음을 시인했다. 놀랍도록 신속하고도 용기 있는 결단이었다. 장동민·김윤석·방탄소년단·유아인 등 유명 연예인들도 여성혐오 발언으로 이슈가 되었다. 팬들은 이들에게 페미니즘 서적을 선물하며 반성을 요구하기도 하고, 소속사 차원의 대응을 요구하기도 했다. 페미니즘의 빠른 확산 속도는 이처럼 신속한 대응을 가능케 했다.

더하여 속도의 페미니즘이 주로 사용하는 전술이나 행위 양식은 행위의 무게감을 줄여주는 데도 기여한다. 해시태그를 다는 것, 게시물을 공유하거나 리트윗하는 것, 게시물을 올리는 것, 온라인 청원에 참여하는 것, 댓글을 남기는 것, 문자를 보내는 것 등은 기존의 저항적 정치 행위인 시위나 집회의 비장함과 무거움을 덜어내면서도 의미 있는 변화를 이끌어낼 수 있는 정치 행위에 참여할 수 있게 해준다.

속도의 페미니즘의 맹점: 평면화되는 논쟁

적대의 정치: 정치적인 것은 곧 개인적인 것이다?

안타깝게도 속도의 페미니즘이 긍정적인 성과만을 가져오는 것은 아니다. 빠른 확산과 신속한 대응, 행위의 가벼움이라는 속도의 페미니즘의 무기는 매우 예리한 양날의 검이다. 속도의 페미니즘의 강력한 효과는 빠르게 적을 규정하고, 전선의 정보와 좌표를 공유·확산하고, 적으로 규정된 상대를 집중 포격함으로써 발생한다. 그런데 이렇게 신속히 그어지는 전선으로 규정된 적은 영원한 적일까?

속도의 페미니즘의 전술로 형성되는 '적군'과 '아군'이라는 대결의 구도는 입체적인 시공간을 평면화시킨다. 적을 규정하기 위해 타자의 속도를 무시하고, 아군의 동질성을 확보하기 위해 내부의 다양한 차이들을 은폐하는 것이다. 우리가 지금 여기, 한국 사회를 살아가고 있는 존재들이라고 해서 모두가 같은 위치에서 살아가는 것은 아니다. 어떤 페미니스트는 수도권에, 누군가는 다른 지역에서 살아갈 것이다. 어떤 페미니스트는 시간적 여유가 상대적으로 많고, 누군가는 오래 노동해야 할지도 모른다. 어떤 페미니스트는 소득이나 재산에서 상대적으로 여유가 있고 누군가는 그렇지 않을 수도 있다. 이러한 차이들은 단순히 개인의 능력이나 의지의 문제로는 환원될 수 없는 사회구조적인 위치들로부터 비롯된다.

어떤 지식을 습득하는 것, 운동에 함께하는 것에는 당연히 나름의 시간·자본·노력 등이 필요하다. 그러나 대학가는 수도권에 집중되어 있고, 강연과 세미나, 시위와 집회 등도 지역에 따라 불균등하게 개최된다. 이런 지역 간 불균형은 당연히 이동 시간의 문제, 소득과 일자리의 문제와도 결부되어 있다. 이것은 단적인 예지만 이런 식으로 복잡하게 구조화된 한국 사회에서 페미니스트로 살아가는 방식은 결코 동일할 수 없다. 따라서 모두가 동일한 입장에서 같은 실천을 해나갈 수도 없다. 오히려 모두를 동질적인 페미니스트로 구성하고자 하는 시도는 의도와는 반대되는 결과를 낳을 수 있다.

여성혐오는 사회구조적인 문제를 지적하기 위한 개념이다. 물론 구조적인 여성혐오를 바꾸기 위해서 개인들의 변화가 수반되어야 함은 분명하지만, 맥락과 위치를 고려하지 않은 채 문제를 개인화해버리는 것은 위험할 수 있다. 변화와 성찰은 개인의 의지만으로 이룰 수 있는 것이 아니라, 서로 소통하고 연결되어 새로운 관계를 만들어감으로써 가능해지는 것이다. 그런데 여성혐오를 개인의 문제로만 지적하게 되면, 사안을 둘러싼 복잡하고 구체적인 관계와 맥락은 소거되고, 구조적인 문제는 은폐된다.

문제를 개인화하면 '개인적인 것이 정치적인 것이다The personal is political'라는 페미니즘의 통찰은 뒤집혀 모든 정치적인 사안이 개인적인 것이 된다. 이때 실천의 문제는 개인에게 달려 있는 것이 되고 만다. 전선에 뛰어들지 못하는 것은 개인의 용기의 문제로 축소된다. 입체적인 시공간과 사회구조적 맥락을 평면화하는 전쟁 정치의 구도에서 대응은 개별화된다. 사회구조의 문제를 지적하고자 했던 여성혐오 담론은 어떤 개인이 얼마나 여성혐오적인지를 판별하는 평면적인 논리가 되어버린다. 이 사회의 지배적인 법과 규범, 권력관계가 얼마나 성차별적인지를 폭로하고자 했던 시도는 이제 한 개인이 얼마나 문제적인지를 감별한다. 적을 강력하게 규정하고자 하면, 마찬가지로 아군을 강력하게 조직해내고자 하는 힘도 강하게 작동한다. 하나의 전선으로 온 병력을 집중시켜 총력전을 펼치는 시도는 내부를 엄격하게 통제함으로써 가능하기 때문이다.

따라서 속도를 따라오지 못하는 자, 군복을 제대로 갖춰 입지 않는 자, 규율을 위반한 자, 아군을 비판하는 자, 이상한(퀴어한) 자, 환경을 생각하는 자 등은 문제적인 인물이 된다. 단일하고 강력한 군대를 조직하는 것은 이렇게 체계적인 배제를 통해서만 가능해진다. 전선을 명확하게 긋는 순간적인 규정, 빠른 확산, 가벼운 행위와 신속한 대응과 같은 속도의 페미니즘의 전술들은 이렇게 구조를 은폐하고 내부를 통제하게 되는 의도치 않은 효과들을 발생시키기도 한다.

속도를 활용한 타자화: 상대의 속도 소거하기

살펴본 것처럼 속도를 다룬다는 것은 매우 예리하고 날카로운 양날의 검을 휘두르는 것과 같다. 속도를 활용한 타자화란, 타자의 시공간적 맥락을 무시하고, 변화의 가능성을 부정하는 것이다. 그것은 타자에게서 시간의 흐름을 빼앗고 공간 속에 정박시키는 것, 즉 타자에게서 속도를 소거하는 것이다. 속도가 소거된 타자는 변화하지 않는 존재가 된다. 시공간 속에서 영원히 멈춰 있는 존재가 되고, 반성하고 성찰할 수 있는 가능성이 되는 시간성은 사라진다. 그런데 정말 타자가 변화하지 않는다면, 과연 우리가 세상을 변화시킬 수 있을까? 타자의 속도를 빼앗는 것은 동시에 우리가 변화시키고 싶었던 세계의 변화 가능성도 빼앗아간다.

　페미니스트들뿐 아니라, 페미니스트에게 적대적인 세력들도 속도를 적극적으로 이용하고 있다. 그들은 어떤 식으로 속도를 활용할까? 속도는 시공간과 관련되어 있기 때문에 그

활용도 시공간을 조직하는 방식을 통해서 이루어진다. 안티 페미니스트는 페미니스트를 적대하기 위해 이들의 시간을 선별적으로 배열함으로써 시간을 (재)조직한다. 우리는 누구나 페미니스트로 태어나는 것이 아니라, 페미니스트가 되는 것이다. 이를 역으로 말하면 우리는 누구나 과거 어느 시기에는 충분히 페미니즘적이지 못했을 것이라는 의미가 된다. 공격은 이 시간차, 즉 속도를 이용해서 이루어진다. 스스로 페미니스트라 주장하는 이의 충분히 '페미니즘적이지 못한' 과거를 소환하는 것, 고민의 시간들을 무시하는 것, 관성적인 행위들을 호출하는 것, 노력하는 이의 불완전함을 전시하는 것이다. 한 인간이 성찰하고 고민해온 시간과 흔적들은 역재생되고, 그는 과거로 끌려가 '빻은 인간'이 되고 만다. 이렇게 페미니스트라 자처하는 한 인간을 자신들과 같은 '여성혐오자'로 만드는 것이 안티 페미니스트의 전략이다. 과거 없고 역사 없는 인간은 없다. 이것이 가장 강력한 백래시backlash의 전략이다.

공간을 (재)조직하는 방식도 얼마든지 가능하다. 성별에 따라 공간을 분리하는 것, 공간에 진입하고자 하는 이를 선별하고 감시하고 배제하는 것, 공간을 구성하는 사물들을 입맛에 따라 배치하는 것, 맥락과 유리된 공간을 조성하는 것 등이다. 화장실은 이를 보여주기에 가장 적합한 사례다.

한국에서 대부분의 화장실은 대표적인 성별 이분법적 공간이다. 때문에 이분법적 성별로 분류되지 않거나 분류를 거부하는 이는 어느 쪽으로의 진입도 환영받지 못하는 디스포리아를 느낀다. 그런데 엄밀히 말하자면 남자 화장실의 경우 드나드는 이가 '남성'으로 제한되어 있는 것은 아니다. 남자 화장실을 청소하는 이는 대부분 '여성' 노동자다. 하지만 그들의 출입에 놀라는 남성은 거의 없다. 그저 무심한 눈길을 주고, 소변기 앞으로 한 걸음 다가설 뿐이다. 여성 노동자는 남자 화장실로의 진입을 금지당하지도, 소란에 휘말리지도 않는다.

그런데 재미있게도 화장실에 대한 논의가 진행되면 도리어 남성들이 역차별을 부르짖는다. 논리는 남성들이 여자 화장실에 들어가는 것은 성범죄로 인식되지만, 여성들이 남자 화장실에 들어가는 것은 가벼운 실수쯤으로 인식된다는 것이다. 그러나 이런 논리가 바로 맥락과 유리된 공간을 조성하는 가장 대표적인 방법이다. 여성들이 화장실에서 불법 촬영에 노출되고, 성범죄에 대한 두려움과 살해 공포에 시달리게 된다는 오래된 맥락들은 무시해버리는 것이다.

반면 페미니스트가 도리어 성별 분리를 주장하는 경우도 왕왕 있다. 여학교 등이 그것이다. 페미니즘에 대항하는 세력들은 이를 놓고 '내로남불' '기부니즘'이라고 비판해왔다. 그런데 이런 주장 또한 맥락과 역사를 유리시키는 사유의 대표적인 예다. 이는 실제로 여성을 차별해온 역사와 맥락이 존재하기 때문에 여성들이 이에 저항하고 대항하기 위한 공간을 구성해왔음을 고려하지 않는 초역사적인 사유다. 이와 같이 성별에 따라 속도가 어떻게 다르게 부여되어왔는지를 간과하는 것은 고의적인 은폐에 다름 아니다.

비판이라는 무기: 불가능한 완벽주의에 대항하다

혁명의 나라로 유명한 프랑스는 1789년 발발한 프랑스 대혁명을 통해 1848년에 세계 최초로 모든 국민의 보통선거를 실시했지만, 여기서도 여성은 배제되어 있었다. 프랑스에서 여성의 참정권이 법적으로 인정된 것은 그 후 무려 100여 년이나 지난 후인 1944년이었다. 여기서 이 100년간의 차이가 바로 페미니즘이 문제삼은 속도다. 현대 한국 사회에서도 여전히 이런 역사적·사회적인 속도 차이는 문제적이다.

우리가 살아가는 시공간적이고 사회적인 맥락에서 남성의 생애주기와 여성의 생애주기는 다르게 그려진다. 예를 들면, 20대의 여성은 결혼 적령기 혹은 가임기에 접어든 것으로 평가하지만, 20대 남성에게는 결혼은 아직 이르다고 말한다. 남성의 나이 듦을 평가할 땐 포도주로 비유하며 숙성되는 것으로 여기지만, 여성의 나이 듦은 꽃으로 비유하며 시드는 것으로 취급한다. 이처럼 저마다의 삶의 속도는 성별이란 범주에 따라 다르게 간주되는데, 페미니즘은 이에 반기를 들며 성별에 따라 삶의 속도가 다르게 평가되는 것을 문제삼았다. 이렇듯 남성과 여성이 동일한 권리를 요구한다는 것은 한편으로는 '동일한 속도'를 요구하는 것이기도 하다.

남성만을 정치적 권리의 주체로 여기던 역사, 남성만을 고등교육의 대상으로 삼던 교육 현장, 남성만을 가정 경제를 책임지는 가부장으로 간주했던 시간들을 돌아봐야 한다. 여성을 경제생활과 정치에서 배제시키고, 살림과 양육만을 도맡는 안사람으로, 돌보고 배려하는 이로 호명해왔던 규범들이 여전히 잔존하고 있음을 잊지 않은 채 속도를 사유해야 한다.

안티 페미니스트들은 이제 남성이 여성보다 우월하다거나, 여성은 열등한 존재라는 낡은 주장을 펼치지는 않는다. 그들은 훨씬 세련된 언어로 '양성평등' '이퀄리즘' '성 평화' '휴머니즘' 등의 가치를 외친다. 그런데 이들의 주장은 역사와 맥락을 떠나 있다. 이들은 현실에 존재하는 차별들을 해소하려는 노력은 도통 하지 않는다. 그러므로 이들의 주장은 제국주의 국가에 대한 식민지 주민들의 무력 저항과 독립운동 역시 '폭력'이므로 배척하고 평화롭게 화해해야 한다는 주장과 다를 바 없다. 제국주의적 지배를 유지하는 데 복무하는 주장과 다름 아닌 것이다. 진정 성평등을 지향한다면 오랜 시간 존재해온 차별과 폭력에서 눈을 돌리지 말고 맞서야 한다. 그것은 성차별주의를 타파하기 위해 싸우기 시작함으로써만 가능하다.

결국 안티 페미니스트의 가장 강력한 무기는 속도의 페미니즘과 같이 속도의 소거다. 성찰의 시간들과 변화의 역사를 무화시키고 과거에 붙들어놓는 것이 그들의 비책이다. 반대로 폭력적 사건들과 차별의 역사들을 무화시키거나, 공간에서 역사와 맥락을 소거시키는 전술도 주로 활용된다. 시공간적 맥락과 역사성을 부정하고 존재의 취약성과 불완전성을 과잉 전시하는 것이 그들의 핵심 전략이다. 이들의 논리는 페미니즘을 주장하고 차별을 넘어서겠다는 너희들, 불의를 폭로하고 권력과 싸우겠다는 너희들도 결국 우리와 마찬가지로 이 사회의 권력 체계와 차별, 혐오에서 자유롭지 못하다는 논리다. 이는 결국 완전하지 않으면 아무것도 주장할 수 없다는 완전성의 논리고, 완전성을 추구하는 것은 곧 죽음의 충동이다.

그런데 페미니즘은 이미 오래전에 우리가 완벽하지 않다는 것을 통찰했다. 우리는 성차별주의로부터, 이 사회의 지배적인 법과 권력관계와 지식 체계의 연결망이 생산해내는 자장으로부터, 우리 자신의 불완전성과 취약성으로부터 자유로울 수 없다고. 우리는 지식을 뽐내거나, 우월성을 과시하거나, 타자를 비난하고자 하는 존재들이 아니다. 우리는 우리가 공유하는, 공유할 수밖에 없는 이 시공간이란 조건 속에서 함께 살고 싶을 뿐이다. 더욱 많은 사람들과 연결됨으로써, 더 자유롭고도 평등하게, 폭력에 노출되지 않고 권력에 무릎 꿇지 않고, 성별에 관계없이 안전할 수 있는 사회를 만들고 싶을 뿐이다. 그렇게 서툴고도 부끄러운 한 걸음을, 각자 다른 속도로 내딛는 사람들일 따름이다.

그렇다면 과연 페미니스트가 아니었던 사람도 페미니스트로 나아갈 수 있는 가능성, 성차별주의에 연루되어 있던 사람도 성차별주의를 비판적으로 성찰할 수 있는 가능성이 있을까? 물론 가능하다. 그런데 타자를 속도가 있는 존재, 즉 시간의 흐름을 겪으며 변화하고 이동하는 존재로 생각한다면 감히 비판할 수 없는 것이 아닐까? 물론 그렇지 않다. 비판은 우리의 무기다. 비판이란 상대의 존재를 공격하기 위함이 아니라, 나와 타자를 연결하고, 더 나은 세상을 구축하기 위한 것이다. 따라서 비판은 타자의 속도를 무시할 때가 아니라, 타자의 속도를 이해할 때, 타자의 위치와 역사성, 맥락을 섬세하게 고려할 때 가능하다.

속도의 차이에 기반을 두는 새로운 정치학이 필요하다

속도라는 제약, 속도라는 가능성

인간과 자연, 세계를 포함한 우리 모두는 속도를 갖는 존재다. 존재가 속도를 갖는다는 것은 시간의 흐름과 공간의 좌표 위에서 속성과 위치, 관계가 변화할 수 있다는 것을 의미한다. 따라서 속도를 사유한다는 것은 자신과 타자가 시공간의 매트릭스에 위치한 부분적이고 연결된 존재인 동시에 계속해서 변화하는 존재라는 것을 인식하는 것이다. 우리는 '멈춰 있는 존재Be'가 아니라 '변화하고 운동하며 수행하는 존재Being'이다. 단적으로 우리 중 누구도 본 투 비Born to be 페미니스트가 아니다. 우리는 모두 페미니스트가 '된다.'

인간은 성장하면서 때로는 상처를 입고 재생하기도 하며, 언젠가는 죽음에 이른다. 인간은 누군가로부터 태어나, 유년기를 거치며, 언어와 지식을 습득·구사하고, 사회적 관계를 맺으며 나이 들어간다. 속도를 생각한다는 것은 이런 것이다. 어떤 존재와 지식도 시공간의 매트릭스와 역사적 맥락을 초월해 초시간적·초공간적·초역사적인 보편성을 획득할 수는 없다. 다시 말해 영원한 진리, 완전한 자유, 완벽한 해방은 없다.

그러나 절망할 필요도 없다. 우리는 모두 불완전하다. 때문에 인간은 누구나 막 태어난 어린 시절, 나이 든 노년 시절과 같은 생애의 특정 시기에는 돌봄을 필요로 하고 또 특정 시기에는 누군가를 돌보기도 하면서 살아가는 존재다. 또한 우리는 때론 질병에 걸리거나, 상처 입기도 한다. 이런 불안정성과 취약성이 우리 존재의 특성이다. 그러므로 타자에게 의존하지 않고 살아갈 수 있는 이는 없다. 우리는 항상 타자와 마주치고 소통하며 관계 맺고 살아갈 수밖에 없는 상호 의존적인 존재이다. 이러한 사실은 우리가 항상 서로 영향을 주고받고, 변화할 수 있게 한다.

또한 우리는 언제나 '지금, 여기'라는 시공간적 조건 속에서 살아가는데, 이 조건은 언제나 우리에게 시공간적인 한계를 부여한다. 이 한계가 인위적으로 강화되는 것을 상상해보라. 자유로운 신체의 이동을 제약당하고, 시간을 마음대로 보내지 못하게 되는 것은 고통스러운 일이다. 그렇기 때문에 시공간을 제한하고 사회적인 관계로부터 분리시키는 조치인 구속이 그토록 고통스러운 형벌적 의미를 가질 수 있는 것이다.

그러나 시공간의 제약이 고통만을 주는 것은 아니다. 우리가 시공간의 매트릭스에 위치 지워지고 조건 지워졌다는 사실 덕분에 우리는 불완전하지만 소통하고, 지식을 나누고, 우리와 관계 맺고 있는 것들을 변화시킬 수 있다. 만약 시간의 흐름이 우리를 비껴간다면 어떨까? 우리는 아무것도 하지 못하고 멈춰버릴 것이다. 우리를 한 공간에 정박시킨다면 어떨까? 아마 우리는 조금도 움직일 수 없을 것이다. 그러므로 흐르며 변화하는 시공간이라는 조건은 우리에게 제약만을 부과하는 것이 아니라, 우리를 그 속에서 '살아가게' 하는 것이다.

평면적 적대를 넘어서: 속도의 차이에 기반한 정치학

우리들이 살아가는 이 세계가 속도에 의해 조건 지워져 있다면, 우리는 어떤 정치학을 구성할 수 있을까? 우리가 속도가 있는 존재라는 것은, 변화할 수 있고, 위치를 이동할 수 있으며, 다른 이와 소통하고 관계 맺을 수 있는 존재임을 뜻한다. 동시에 아무리 견고해 보이고 오래된 구조라고 할지라도 속도가 있는 것, 즉 역사적 구성물일 뿐이며, 변화 가능한 것임을 의미한다. 그러나 이것은 어디까지나 조건에 대한 이야기고, 실제로 현실을 변화시키려면 어떻게 해야 할까? 나는 이 답을 나의 일상적 경험으로 풀어보고자 한다.

　나는 어떤 목적지로 이동할 때, 길 찾기 어플을 통해 확인한 예상 소요 시간 안에 별 무리 없이 도착할 수 있을 것이라 예상한다. 심지어 내 경우에는 보폭이 큰 편이라, 종종 예상보다 훨씬 이른 시간에 목적지에 도착하곤 한다. 그런데 종종 다리를 다치거나, 어지럼증이 있거나 하는 날에는 완전히 다른 속도 감각을 경험하게 된다. 평소에는 아무 걱정 없이 건너던 횡단보도에서도, 버스를 승하차하는 데에서도, 계단을 오르내리는 데에서도 큰 어려움을 느끼게 되는 것이다.

일상적인 거리가 어느 날 갑자기 장애물로 넘쳐나는 것처럼 느껴지는 경험, 횡단보도를 건너는 중간에 신호가 바뀌진 않을까 하는 걱정, 내 뒤를 따라 승차하는 사람이 답답해하지는 않을까 하는 우려, 아직 내리지 못했는데 버스가 출발해버리는 건 아닐까 하는 불안 등이 엮여서 새롭게 주조해내는 시공간의 경험은 누구나 경험해보았을 만한 것이다. 이것이 의미하는 바는 어디에나 속도의 차이가 존재한다는 것이다. 동시에 우리는 나름의 속도로 살아가지만, 이 속도는 고정불변하는 것이 아니라 오히려 여러 조건과 상황들이 복합적으로 영향을 미치며 변화한다는 것이다.

따라서 속도를 사유하는 정치는 모두에게 동일한 속도를 요구하는 것이 아니다. 어디에나 필연적으로 존재하는 속도의 차이를 동일하게 만드는 것은 불가능하다. 모든 이가 동일한 속도를 가진 사회는 매우 끔찍한 사회일 것이 분명하다. 이는 차이를 배제하는 동일성의 사유일 뿐이다. 그렇다고 속도의 차이를 변화시킬 수 없는 것, 따라서 서로 이해하고 상호작용할 수 없는 것으로 받아들이는 것도 곤란하다. 이는 상대주의적인 사고로, 충분히 변화시킬 수 있는 조건들을 무감각하게 내버려두는 사유로 귀결된다.

우리는 어떤 상황에 처하면 나의 움직임과 속도가 달라질 수 있다는 것을 쉽게 상상할 수 있다. 상처 입거나 질병에 걸린다면, 내가 버스에 오르기 전에 문이 닫힌다면, 누군가가 나의 몸을 뚫어져라 응시한다면, 갑자기 누군가가 나의 몸을 만진다면, 내가 먹을 수 없는 음식들만 준비되어 있다면, 어떤 공간이 나를 환대하지 않는다면, 사물들이 내가 이용하기 어려운 조건으로 배치되어 있다면, 나에게 항상 남들보다 많은 시간을 요구한다면, 나의 희생과 노동을 당연한 것으로 간주한다면… 우리는 이런 상상들을 무수히 해볼 수 있을 것이다.

속도의 차이를 인정하지 않은 채, 모든 이가 이미 평등하고, 동일한 속도를 가진 것처럼 가정하는 '민주주의'는 허구에 불과하다. 정치적 의사결정은 항상 소득과 부, 지식과 언어, 법과 규범 등 나열하기도 어려운 수많은 요소들을 가로지르며 이루어진다. 그러므로 초역사적·초맥락적인 평등한 공론장을 전제하는 것은 민주주의에 가깝기는커녕, 기존의 권력 체계를 유지시키는 것이다. 따라서 우리는 반대로 수많은 속도의 차이를 고려하는 섬세한 공론장을 구축하려는 노력을 계속해야 한다.

시공간과 속도에 대한 우리의 감각들은 충분히 많은 사유를 가능하게 한다. 우리의 취약하고, 예민하며, 상처 입기 쉬운 몸의 감각들은 나와 마찬가지의 존재인 타자를 더 잘 이해할 수 있게 한다. 우리의 감각은 타자를 수단으로 이용하고, 착취하고, 불쾌감을 주고, 폭력을 가하는 것을 넘어서는 사유를 가능케 한다. 그것은 즉 우리의 사유가 어쩔 수 없는 '속도의 차이'로 인해 상대주의적 결론으로 귀결되어버리는 것이 아니라, 어떤 공통의 감각들을 만들어낼 수 있다는 것이다. 이렇게 더 많은 감각들을 예민하게 느끼고 서로의 불편함을 이해하는 것은 더 나은 민주주의를 가능케 한다.

속도를 고려하는 정치학은 어떤 문제를 일거에 해결해버리는 정치학이 아니다. 오히려 수많은 요소에 대한 고려와 타협, 설득과 협상이 필요한 정치학이다. 페미니즘의 통찰은 누구도 완벽한 주체가 될 수 없으며, 우리는 부족하고, 부분적이고, 취약하고, 상호의존적이며, 정동적인(감정적인) 존재임을 말한다. 그러므로 항상 자신의 부분성과 부족함, 불완전성과 취약성을 사유하는 것이 우리에게 존재하는 더 나은 정치의 가능성이다.

참고문헌

권김현영 외, 『피해와 가해의 페미니즘』, 교양인, 2018.

권김현영 외, 『한국 남성을 분석한다』, 교양인, 2017.

김순남, 「세계만들기로서의 퀴어정치학: '우리'의 이야기들, '우리'를 변형 시켜
온 과정들」, 『한국여성학』 제34권 제4호, 한국여성학회, 2018.

김은실 외, 『더 나은 논쟁을 할 권리』, 휴머니스트, 2018.

김주희, 「속도의 페미니즘과 관성의 정치」, 『문학과 사회』 116호, 문학과지성사,
2016.

너멀 퓨어, 김미덕 옮김, 『공간 침입자』, 현실문화, 2017.

도나 해러웨이, 민경숙 옮김, 『유인원, 사이보그, 그리고 여자』, 동문선, 2002.

미셸 푸코, 심세광·오트르망·전혜리 옮김, 『비판이란 무엇인가? 자기 수양』,
동녘, 2016.

미셸 푸코, 심세광·오트르망·전혜리 옮김, 『정신의학의 권력』, 난장, 2014.

벨 훅스, 윤은진 옮김, 『페미니즘 – 주변에서 중심으로』, 모티브북, 2010.

안토니오 그람시, 이상훈 옮김, 『그람시의 옥중수고 1』, 거름, 1999.

안토니오 그람시, 이상훈 옮김, 『그람시의 옥중수고 2』, 거름, 1999.

우에노 지즈코, 나일등 옮김, 『여성 혐오를 혐오한다』, 은행나무, 2012.

정희진 외, 『양성평등에 반대한다』, 교양인, 2016

정연보, 「상대주의를 넘어서는 '상황적 지식들'의 재구성을 위하여: 파편화된
부분성에서 연대의 부분성으로」, 『한국여성철학』 제19권, 한국여성철학회,
2013.

조주현, 「보편주의와 상대주의를 넘어: 페미니스트 정치학의 실천적 전환」, 『사
회와 이론』 제24권, 한국이론사회학회, 2014.

주디스 버틀러·아테나 아타나시오우, 김응산 옮김, 『박탈』, 자음과모음, 2016.

주디스 버틀러, 조현준 옮김, 『젠더 트러블』, 문학동네, 2008.

케이트 밀렛, 김전유경 옮김, 『성性정치학』, 이후, 2009.

정치적 올바름을 생각하다: 페미니즘이 '공용어'가 되기 위하여

_최성용

들어가며

페미니즘과 인권 담론을 접하고 일상적으로 실천해가면서, 친구들과 고민해왔던 문제가 하나 있다. 당시 우리는 선배가 후배에게 일방적으로 반말을 사용하는 것과 소수자 비인지적인 말을 사용하는 것에 대해 권위주의, 차별과 혐오라는 이름을 붙이면서 사람들과 종종 싸우곤 했다. 소위 정치적 올바름에 입각한 실천이었다.

그러면서도 내부적으로는 두 가지 정도의 고민이 있었다. 우선 자기에게 내재한 언어와 문화가 왜 문제인지 전혀 알지 못하는 사람들에게 느닷없이 "너는 잘못했어, 틀렸어"라고 단언하는 건 그들의 입장과 맥락을 고려하지 않는 또 다른 폭력이 아닌가 하는 것이었다. 다른 하나는 우리는 그들의 언어와 문화가 권위주의적이거나 혐오적인 것이라고 설득하기보단 도덕적 비난을 앞세움으로써, 결국 우리의 가치관·세계관을 확산시켜 연대를 창출하기보다 반발심과 적대감을 늘려나가고 있는 걸지도 모른다는 반성이었다. 하지만 그렇다고 페미니즘을 비롯한 새로운 세계관들을 포기할 수는 없었기에 계속 이런 딜레마를 마주하며 고민해왔던 것 같다.

'포스트 페미니즘' 시기에 페미니즘을 접하면서 마주하게 된 이런 고민들은 오늘날 우연히 페미니즘 리부트를 만나며 어느 정도 해소된 감이 있다. 지금보다 훨씬 적은 사람들이 여성혐오를 비롯한 여러 혐오적·폭력적 언어에 대항해 싸우던 시기에, 우리는 소수라 무시당하기도 하고 또 적당히 타협하기도 했다. 하지만 페미니즘이 대중적으로 확산되면서, 과거에 비해 많은 설명 없이도 문제 제기가 수용되고, 사람들 사이에도 알아서 조심하자는 분위기가 생겨나게 됐다. '프로불편러'로 살아가기에, '지적질'을 하기에 훨씬 더 편해진 것이다.

그러나 우리가 과거에 해온 고민들이 변화된 오늘날 완전히 무의미한 것이 되어버렸다고 생각하진 않는다. 오히려 페미니즘 이슈가 인화력 강한 갈등 축으로 부상한 이 시대에 당시의 고민들이 더욱 중요한 함의를 가진다는 생각이 든다. 어떻게 해야, 유연하게 싸우며 더 많은 지지자들을 확보하고 현실을 실질적으로 변화시키는 방향으로 페미니즘의 주장을 관철시킬 수 있을까? 확고한 대답을 갖고 있진 못하지만, 개인적으로 지속해왔던 그간의 고민들을 정리해보는 게 의미가 없진 않을 것 같다.

이런 문제의식을 바탕으로, 정치적 올바름과 그에 내재한 긴장과 모순을 다루어보고자 한다. 우선 정치적 올바름의 정의 및 용례와 정치적 올바름에 내재된 긴장과 모순을 다뤄보도록 하겠다. 그리고 맥락의 윤리, 연대의 정치라는 관점에서 정치적 올바름의 윤리적·정치적 가능성과 한계를 검토해볼 것이다.

결론적으로 나는 정치적 올바름을 다양한 정치의 방식 중 하나로 위치시킬 것이다. 이때 '정치'의 목적은 페미니즘이 '방언'에서 '공용어'가 되기 위한 지난한 과정을 의미한다. 정치적 올바름을 바로 이 목적에 비추어 성찰해보는 것, 그것이 이 글의 목적이다.

정치적 올바름

오늘날 한국 사회에서는 페미니즘이 대중적으로 확산되면서 주요한 갈등 축으로 부상했고, 많은 논란과 쟁점들이 쏟아지고 있다. 우리 시대는 이런 혼란의 한가운데를 통과하고 있으며, 그 과정에서 우리 사회는 변화하고 있는 중이다. 이렇게 사회적 가치관이 크게 변동하는 시기엔 늘 시대의 변화를 주도하는 이들과 뒤처지는 이들 사이의 간극이 발생한다. 최근 페미니즘을 둘러싼 논란들 자체가 이런 간극의 존재를 함의하며, 변화를 주도하는 이와 변화에 뒤처지는 이 모두 그 간극을 저마다의 방식으로 메우려고 한다.

그 방식에는 여러 가지가 있다. 뒤처지는 이들은 양성평등(성평등이 아니다)이라는 추상적이고 형식적인 최소한의 전제에는 동의하지만, 현재 페미니즘의 주장은 '역차별' '여성 우월주의'라고 주장한다. 그들은 자신을 페미니스트가 아닌 '이퀄리스트'라고 하거나, 혹은 자신이야말로 '진정한 페미니스트'라고 말하기도 한다. 물론 페미니즘의 모든 가치와 주장들을 전면 부정하면서 페미니즘이 사회를 어지럽히는 '아노미의 주범'인 것처럼 인식하는 경우도 있다. 이 모든 입장들은 한국 사회가 페미니즘 리부트 이전으로 회귀해야 한다는, 변화

중인 사회에서 변화 이후와 이전 사이의 간극을 퇴행적인 방법으로 메우려는 것이다.

반면 페미니즘의 편에 선 이들도 그 간극을 메우고자 여러 시도를 해왔다. 페미니즘을 둘러싼 논란에 불을 붙인 미러링이 가장 대표적인 방식이다. 사이버 스페이스를 포함해 일상 속에서 발화되는 여성혐오적 언어들을 '반사'함으로써 기존의 언어들에 스민 남성중심성을 드러내려고 했던 미러링은, '남성혐오론'과 같이 예민한 쟁점과 논쟁을 불러일으켜왔다.

이렇듯 페미니즘의 입장에서 이 간극을 좁히려는 주요한 시도 중 하나가 바로 정치적 올바름이다. 미국에서는 정치적 올바름이 대두된 1960~1970년대부터 현재까지도, 페미니즘과 반反페미니즘 진영을 막론하고 정치적 올바름에 대한 논쟁과 불만이 제기되어왔다. 특히 근래엔 트럼프 당선에 기여한 주범(?)이라는 혐의를 부여받으며 다시금 쟁점으로 부상하기도 했다. 한국에서는 혐오가 점증하는 사회적 분위기와 그에 대한 대항적 실천 속에서 정치적 올바름이 지속적으로 쟁점이 되고 있다.

정치적 올바름의 세 가지 이해

정치적 올바름political correctness(혹은 PC)은 성차별적이고 여성혐오적인 문화와 언어에 대해 비판을 제기하는 페미니즘적 실천의 한 방식으로, 페미니즘의 윤리적 기준과 사회적 현실 사이의 간극을 메워 페미니즘이 상식적 규범으로 수용될 수 있도록 하는 방법 혹은 전술로 이해할 수 있다. 물론 정치적 올바름은 비단 여성의 범주나, 페미니즘에 한정되지 않고 다양한 약자, 소수자에 대한 억압과 관련된다. 다만 이 글에서는 페미니즘적 실천의 일례로 한정지어 논의할 것이다.

현재 한국 사회에서 정치적 올바름은 세 가지의 일상적 의미와 이해를 가진다. 각기 ① 기존의 용례 및 이해 ② 정치적 올바름 비판자들의 이해 ③ 착하게 말하기 혹은 '코르셋'이라는 이해로 구분해볼 수 있겠다. 우선 정치적 올바름의 기존의 용례에 해당하는, 약자와 소수자를 비하·차별·모욕·혐오하는 발화 및 문화를 비판하고 대안적인 언어와 문화를 제안하는 일련의 실천이라는 의미가 있다. 예컨대 '병신'이라는 말에 담긴 장애 비하적 함의를 지적하면서 이 단어를 쓰는 걸 제한한다거나, '김치녀'라는 말의 여성혐오적 함의를 문제 제기 하는 것 등이 있겠다. 이 글에서는 정치적 올바름에 대한 이 첫 번째 정의 및 용례를 강조하고자 한다.

그러나 이러한 정의를 넘어선 일상적 이해도 널리 퍼져 있다. 하나는 이른바 'PC충'이라는 조어를 사용하는, 정치적 올바름을 부정적으로 이해하는 경우다. 소위 '깨시민'(깨어 있는 시민)이라는 부정적 의미의 조어와 비슷하게, PC충이란 말은 언어나 문화에 대해 도덕적 잣대를 들이대면서 자신을 도덕적으로 올바른 사람에 위치시키고, 비판의 대상은 악으로 규정하는 태도를 가진 이들을 가리킨다. 이는 정치적 올바름의 개념과 행위에 내포된 일정한 한계, 즉 정치적 올바름이 탈맥락적이고 이분법적인 도덕주의 경향을 지닌다는 점을 문제 삼고 있다는 점에서 숙고할 가치가 있다. 하지만 특정한 말과 문화에 혐오·비하·차별이 내포되어 있다는 문제의식에 대해, 논거를 들며 정면으로 반박("그건 비하나 혐오와 무관하다")하는 것이 아니라 PC충이라고 비아냥대는 건 우회적인 볼멘소리("맞는 말이긴 한데 너무 도덕책 같다")에 가깝다. 또한 이 볼멘소리는 혐오 정서를 합리화하고 페미니즘에 대한 반발심을 키운다는 점에서 문제시될 필요가 있다.

마지막으로 정치적 올바름을 '정중하고 착하게 말하기'로 이해하는 경향이 있다. 이는 미러링에 대한 논쟁에서 발생한 경향으로 보인다. 메갈리아의 등장 이후, '김치녀' '된장녀'와 같은 여성혐오적 언어들에 대해 '한남충'과 같은 방식으로 거칠게 되받아쳐 말하기(미러링)가 필요하다는 문제의식이 사람들 사이에서 공감을 얻게 됐다. 그 밑바탕엔 착한 여성이라는

'코르셋'을 벗어던지고 거칠고 과감하게 싸울 수 있어야 한다는 정서가 깔려 있다. 이런 맥락에서 정치적 올바름은 '코르셋을 착용한, 착한 태도'로서, 미러링과는 배치되는 것으로 이해된다.

정치적 올바름의 내적 긴장: 공용어를 꿈꾸는 방언의 딜레마

정치적 올바름에 대한 두 번째 이해는 정치적 올바름과 관련된 논쟁에서 자주 제기되는 비판이기도 하다. 정치적 올바름은 1960년대 미국에서 사용될 때부터 오늘날의 한국에 이르기까지, 진영을 막론하고 주로 부정적인 의미를 가진 개념으로 소환되고 호명되었다. 특히 정치적 올바름이 논증과 토론을 생략하고 말이 쓰인 맥락을 무시한 채 '도덕적으로 후려친다'는 비판이 페미니즘을 지지하는 입장과 그렇지 않은 입장 모두에게서 제기되었다. 가령 '화냥년'이나 '젖가슴' 등의 여성 혐오적 단어를 문제시할 때는 늘 "맥락을 고려하지 않는다"는 반론이 생겨난다. 그리고 그 까닭은 정치적 올바름이 너무 도덕적 이분법에 사로잡혀 있기 때문이라고 한다. 마찬가지로 페미니스트들도 정치적 올바름이 그에 내포된 강한 도덕주의로 말미암아 맥락적 사고를 제약하고, 유연하지 못한 정치적 실천을 낳을 수 있다고 우려해왔다. 이렇듯 정치적 올바름은 반페미니즘과 페미니즘 사이에서 전적으로 환영하지는 못하나, 그렇다고 회피할 수도 없는 실천 양식으로서 늘 비판적 대상으로 취급되었다.

정치적 올바름이 이런 애매한 위치에 놓인 원인은 앞서 언급한 사회적 '간극'의 존재 때문이다. 페미니즘은 오래도록 언어와 문화에 대해 문제를 제기해왔다. 그리고 오늘날 성희롱이나 성폭력이라는 용어가 법적·도덕적으로 상식적인 규범으로 수용된 것처럼, 정치적 올바름에 근거한 실천은 실제 성과를 거두기도 했다. 그러나 여전히 성폭력의 범주나 함의에 대한 상식적 이해가 불충분한 것도 사실이며, 여성혐오와 같은 페미니즘 언어는 아직 사회적으로 온전히 수용되지 않고 있다. 페미니즘을 하나의 세계관이자 인식론으로 이해한다면, 이러한 상황은 페미니즘이 아직 상식적 규범·세계관의 지위를 차지하지 못했음을 의미한다. 아직까지 사회에서 상식으로 자리잡은 공용어라기보단 방언의 지위에 머무르고 있는 것이다.

그러다 보니 혼란과 갈등이 빈번하게 발생할 수밖에 없다. 페미니즘을 상식적 규범으로 수용하지 않은 이들, 혹은 페미니즘 자체를 거의 접해본 적이 없는 이들에게 페미니즘의 언어를 통한 비판은 대개 도덕적 비난으로 이해된다. '잠재적 가해자'라는 말을 둘러싼 논란에서 보듯, 느닷없이 자신이 도덕적으로 비난받아야 할 존재가 된 것처럼 느껴지기 때문이다. 이는 이 사회가 기존의 세계관, 남성 중심적이고 가부장적인 세계관에 익숙해져 있기 때문이기도 하다. 그러나 새로운 세계관을 접하고 받아들인 이들은 기존의 억압적이고 차별적인 세계를 쉽사리 용납하거나 타협할 수가 없다. 기성의 세계에 불만을 품고 변화를 희망하는 이들은 언제나 이런 딜레마를 마주하게 된다.

정치적 올바름은 바로 이런 딜레마 속에서 흔들리는 개념이다. 페미니즘의 입장에서 용납하기 힘든 문화와 언어가 있다. 그러나 그것들을 변화시키는 건 도덕적 판정이 아니라 정치적 유연함을 통해 가능할 것이다. 정치적 유연함은 타협의 과정을 포함하기에 마치 기존의 가부장적 질서와 문화를 인정하는 것처럼 보일 위험도 있다. 이런 딜레마가 정치적 올바름의 필요성을 인정하면서도 그것에만 머물러서도 안 된다는 유연함을 요구하게 한다.

미러링: 언어를 통한 사회 변화를 꿈꾸다

정치적 올바름에 대한 첫 번째 이해에 비추어볼 때, 정치적 올바름과 미러링은 서로 대립되는 것이 아니며, 오히려 미러링을 정치적 올바름의 한 사례로 이해할 수도 있다. 여성혐오적 언어·문화를 비판한다는 점에서 미러링은 정치적 올바름의 하위범주다. 미러링의 원본에 포함된 혐오적 뉘앙스까지 되돌려주느냐, 그렇지 않느냐라는 구체적인 방법의 차이가 있을 뿐이다.

정치적 올바름의 언어와 관련된 구체적 실천은 대략 세 가지 유형으로 분류해볼 수 있다. 제한, 대체, 전유(의미 변화)가 그것이다. 우선 특정한 언어의 사용을 제한하는 방식이 있다. 앞서 언급한 '병신'이나 '김치녀'가 전형적인 제한의 사례다. 혹은 대체하는 경우도 생각해볼 수 있는데, '여배우'는 성중립적인 '배우'로, '장애우'는 '장애인'이라는 말로 변형·대체되었다. 마지막으로 전유도 이뤄진다. 가장 대표적인 사례로 언급되는 것이 '퀴어'다. 퀴어는 원래 '이상한'이라는 의미의 형용사로 부정적인 의미를 내포하고 있었으나, 오늘날에는 성소수자를 일반적으로 지칭하는 말로 사용된다. 기존에 담긴 의미를 뒤집고 새로운 의미를 부여한 것이다.

미러링은 언어적 실천에 관한 위 세 유형과는 겹치면서도 다르다. 미러링은 문제적인 언어의 제한·대체·전유를 제안하되, 그 제안을 달성하는 과정에서 새로운 언어를 만들어낸다. 기존의 정치적으로 올바르지 않은 언어를 뒤집어 정치적으로 올바르지 않은 방식 그대로 남성들에게 향하도록 하는 것이다. 앞서 언급한 내용을 부연하자면 미러링은 비록 정치적 올바름에 위배되는 언어를 사용하는 것이긴 하나, 그 목적이 정치적으로 올바르지 않은 언어들을 극복하는 데 있다는 점에서 정치적 올바름의 범주로 볼 수 있다.

흥미로운 점은 정치적 올바름에 대한 두 번째 이해와 세 번째 이해를 채택하는 양자의 입장이 미러링이라는 쟁점을 경유하면서 정치적 올바름에 대해 견해가 수렴되는 양상을 보인다는 것이다. 두 번째 이해인 정치적 올바름 비판자의 이해를 채택하는 반페미니즘은 혐오의 개념을 거의 비속어와 같은 범주로 이해하면서 미러링이 정치적으로 올바르지 못하다고, 즉 남성'혐오'라고 비판해왔다. 이때 이들은 PC충을 운운하지만, 정작 남성혐오를 포함해 모든 혐오를 하지 말자는(착하게 말하기로서의) 정치적 올바름을 옹호하는 셈이다. 한편 세 번째 이해, 위악적 실천으로서 미러링을 제안하면서 착하게 말하기로서의 정치적 올바름을 '탈코르셋'해야 한다는 입장의 일부는 정치적 올바름의 자기 구속적인 도덕성을 전적으로 거부하고 성소수자에 대한 혐오 발언을 일삼기도 한다. 요컨대, 이들은 정치적 올바름을 똑같은 방식으로 오해하고 있다. 혐오의 의미를 일차원적으로 파악한 이들은 남성혐오를 하지 말라며 오해된 정치적 올바름(착하게 말하기)을 주장하고, 그 반대편에선 정치적 올바름의 의미를 '코르셋'으로 착각해 정치적 올바름 자체를 부정함으로써, 자신에게 내재된 혐오를 성찰하게 하는 정치적 올바름의 순기능까지 무력화시켜버렸다.

이런 오해를 빚게 하는 원인으로 정치적 올바름에 내재하는 긴장과 모순을 지목해볼 수 있다. 미러링이 등장하기 훨씬 이전부터 정치적 올바름은 '이중 잣대'를 적용한다는 비판을 받아왔다. 정치적 올바름의 주창자들이 사회적 소수자가 다수자를 공격하기 위해 사용하는 정치적으로 올바르지 못한 언어를 종종 옹호해왔기 때문이다. 그러나 정치적 올바름은 처음부터 소수자와 다수자의 권력관계에 대한 문제의식에서 출발한 실천이다. 소수자와 다수자가 비대칭적 권력관계에 놓여 있다는 것을 전제하면, 다수자를 향한 소수자의 비난과 다수자가 소수자를 향해 표출하는 혐오는 동일시될 수 없다. 정치적 올바름은 이런 전제에 기반하고 있기에 '한쪽 편만 드는' 듯한 모습을 보여주게 되어 이중 잣대라는 비판을 받게 되는 것이다.

이는 앞서 논한 정치적 올바름의 내적 긴장과도 관련되어 있다. 정치적 올바름은 아직 상식적 규범 혹은 공용어의 지위에 이르지 못한 방언을 이미 공용어가 된 것처럼 전제하고, 방언으로 기존의 공용어를 평가하고 비판한다. 정치적 올바름은 이런 전제를 통해 강력한 도덕적 호소력을 행사할 수 있다. 가령 여성혐오라는 말이 아직 사회적으로 온전히 수용되지 않은 상태이지만 여성혐오가 사회적으로 존재한다고 전제하고 "여성혐오하지 마"라고 요구함으로써 도덕적 호소력을 획득하는 것이다. 이는 공용어의 지위에 이르지 못했으나 스스로 공용어가 되고자 분투하는 주변적 언어·방언의 전략으로 이해할 수 있다.

하지만 여기서 두 가지 문제가 발생한다. 하나는 아직 한국 사회에서 페미니즘이 상식적 규범으로 인정되지 않았다는 현실과, 페미니즘이 인권이라는 보편적 규범의 일부라는 사실이 충돌할 때 생겨나는 반발이다. 이는 종종 "인권을 강요하지 마"라는 말로 표현된다. 아직 상식적 규범이 되지 못한 특정한 규범을 수용한 이가 인권이라는 강력한 도덕적 호소력을 갖는 개념에 기대어 어떤 규범의 정당성을 확보하려 할 때, 그 규범을 수용하지 않은 이는 그런 시도를 도덕주의적 강요로 이해하며 반발심을 갖게 된다.

다른 하나는 남성혐오라는 말이 나오게 된 배경처럼 소수자가 다수자를 향해 정치적으로 올바르지 않아 보이는 말을 할 때다. 이는 소수자의 입장에서 권력관계를 비판하려는 맥락이 있기에 일견 정당한 행위일 수 있지만, 이 경우 동시에 정치적 올바름에서 빌려온 도덕적 호소력이 자가당착에 빠지게 된다. 가령 인권 같은 개념의 도덕적 호소력이 강력한 것은 인권이 누구에게나 보편적으로 적용되어야 할 규범이기 때문이다. 하지만 정치적 올바름은 공용어적 규범이 갖는 도덕적 호소력을 행사하고자 하면서도 그 호소력의 원천이 되는 규범의 보편성을 생략해버린다. 즉, 정치적 올바름은 애초부터 서로 양립하기 쉽지 않은 도덕주의적 보편성과 소수자의 특수성을 동시에 갖고 있는 셈이다. 이런 맥락에서 정치적 올바름을 기존의 상식적 규범인 착하게 말하기와 혼동하는 것도 무리는 아닐 것이다. 남성혐오라는 개념이 성립한다고 보는 시각도 마찬가지로 '나쁘게 말하기는 나쁘다'라는 보편적인 규범에서 혐오를 이해하고 있다.

정치적 올바름은 그럼에도 착하게 말하기가 아니라 차별적이고 혐오적인 언어와 문화에 대항하는 운동이자 정치적 전술로 이해되어야 한다. 정치적 올바름은 근본적으로 언어를 통한 사회의 구성 가능성을 전제한다. 언어가 있는 그대로의 사회를 직접적으로 반영한 것이 아니라, 역으로 인간이 인식하고 경험하는 사회가 언어라는 틀로 걸러진 것이라고 생각하기 때문이다. 현재의 언어에 차별과 혐오가 스며들어 있다면 그것은 사회적 권력관계에서 주류의 위치를 차지하는 이들이 언어를 만들어왔기 때문이다. 이는 소수자들의 입장에 서서 언어를 변화시키는 실천을 통해 이 사회를 바꿔낼 수 있고 또 그래야 한다는 주장으로 이어진다. 사회와 언어가 얼마나 직접적인 상호 영향을 주는가에 대해서는 사람마다 견해 차이가 있을 수 있으나, 언어가 사회에 미치는 영향을 전적으로 부정하긴 힘들다. 그래서 정치적 올바름은 그저 정중하고 착하게 말하는 것이 아니라, 언어와 문화의 세계에 정치적으로 개입한다는 문제의식을 전제하는 행위이다. 미러링은 이런 문제의식의 생생한 사례다.

정치적 올바름과 맥락의 윤리

맥락에 기초한 설득과 연대의 가능성

정치적 올바름에 기초해 어떤 현상을 이해하고 판단하는 것은 맥락적 사고를 멈추게 만드는 경향이 있다. 정치적 올바름의 도덕적 호소력이 어떤 사회현상을 특정한 규범에 들어맞는가, 어긋나는가 하는 이분법적 잣대로만 판단하게 만들기 때문이다. 예컨대 군필자 남성이 왜 여성은 군대를 가지 않느냐고 분개할 때 거기에는 여러 맥락이 혼재되어 있다. 기존에 강고하게 존재하는 구조적인 젠더 위계를 부정하려는 '역차별론'의 맥락도 있지만, 실제 징집되는 남성들이 겪는 피해와 고통도 분명히 존재한다. 미러링 역시 사례로 들 수 있다. 미러링이 비록 거칠고 모욕적인 외양을 갖고 있지만, 그렇다고 해서 미러링 그 자체를 남성혐오라고 말할 수는 없다. 미러링을 적절하게 이해하기 위해선 기존 한국 사회의 여성혐오와 가부장제적 차별의 토양을 감안해야 한다.

하지만 정치적 올바름에 내재된 이분법적 도덕주의는 특정한 언어와 문화가 가진 다층적인 맥락을 축소시켜 하나의 맥락만을 선별하게 만든다. 군필자 남성의 분개를 '빻은 역차별론'으로만 한정적으로 이해하거나 미러링을 남성혐오로 이해하는 것이 예이다. 이것은 입체적이고 다층적인 현실을 하나의 맥락으로 환원해버리는 것이다. 하지만 현실은 언제나 환원주의적 사고보다 풍부하다. 본래 부정적인 의미였던 퀴어라는 말은 오늘날 자긍심과 자력화empowerment를 불러일으키는 말이 되었다. '예쁘다'는 외모 평가조차 특정한 맥락과 관계에서는 여성혐오나 성적 대상화의 부정적 함의 없이 통용되기도 한다. 그러나 어떤 언어가 절대적으로 나쁘다고 규정하는 이해로는 이런 다층적 맥락을 포착할 수 없다.

맥락을 무시하는 정치적 올바름, 요컨대 '무맥락 PC'는 애초에 페미니즘의 인식론과도 배치된다. 기존의 주류적 언어는 남성 중심적인 것이었기에 여성의 경험과 맥락이 배제되어 있었다. '개인적인 것이 정치적이다'라는 구호는 언어화되지 않은 채 사적인 것으로 치부된 여성의 경험과 맥락에 천착하겠다는 선언이었다. 이후 페미니즘 이론의 역사는 성소수자와 소수 인종, 제3세계 사회 등 소외되고 배제된 이들의 맥락과 경험에 대한 성찰로 확장되는 과정이었다. 페미니즘은 타자의 맥락을 듣거나 자신의 맥락을 사유하며 그것을 언어화하는, 그야말로 맥락적인 인식론에 근거하고 있는 셈이다. 정치적 올바름에 내포된 도덕주의가 이런 맥락적 사고와 인식을 가로막는다면, 정치적 올바름에 근거한 실천이 페미니즘에 과연 적절한 것인지 재고해볼 필요가 있다.

구체적인 예로, 한 개인의 생애사적 맥락을 고려한다면 그 개인이 '빻은 말'을 할 때 그것을 도덕적으로 문제시하는 것이 얼마나 페미니즘적 인식론에 부합하는지 질문해볼 수 있다. 앞서 말한 것처럼 정치적 올바름은 페미니즘의 언어들이 이미 상식적 규범이 된 것처럼 전제하고서 도덕적 비판을 가하는데, 이런 방식은 비판의 대상이 되는 이에게 느닷없이 특정한 세계관을 강요하는 것처럼 수용될 수 있다. 물론 비판을 해선 안 된다는 게 아니다. 오히려 '빻은 말'을 비판하기 위해선 페미니즘적 인식론에 기초해 비판 대상이 딛고 있는 다층적인 맥락에 대해 섬세하게 고려할 필요가 있다는 의미다. '무맥락 PC'는 한 '빻은 개인'의 복잡한 맥락을 무시한 채 그를 도덕적으로 깔아뭉갬으로써, 문제를 구조적 차원이 아닌 개인적 차원에서 바라보게 만드는 효과를 지닌다. 특정 개인이 문제적인 발언을 하게 만든 맥락과 구조적 조건을 지적하여 그 개인이 자신을 둘러싼 구조적 힘들을 성찰하게 하는 것이 아니라 그 개인을 도덕적 악으로 규정해버리는 것이다. 이것은 비난받는 이에게 반발심을 불러일으킨다는 점에서 정치적으로도 현명한 방법이 아니다.

역으로 비판의 대상이 처한 복잡한 맥락을 이해하는 것은 그 대상을 비판하는 동시에 설득해낼 수 있는 인식의 힘을 확보하게 해준다. 이를 위해선 상대방의 맥락, 경험 세계와 언어 세계 속으로 들어가 그것을 '잘 듣는' 노력이 필요하다. 그럴 때만이 개인에게 내재한 혼재되고 모순된 맥락들을 섬세하게 포착해 그중 특정한 맥락들을 강조하면서 개인의 경험을 해석적으로 전유할 수 있게 된다. 이를테면 군필자 남성의 언어 속에서 그가 겪은 피해와 고통의 경험과 그 경험에 대한 왜곡된 해석을 분리하면서, 그 경험을 한국의 군사주의와 남성성이라는 구조적 문제로 재해석한다면 남성에게도 페미니즘이 해방의 언어가 될 수 있다. 성폭력 피해를 겪은 남성의 고통은 '페미니즘은 여성의 피해 경험만 강조한다'는 주장의 근거로 활용될 때보다는, 성폭력이라는 문제를 오래도록 고심해온 페미니즘을 통할 때 더 잘 이해될 수 있다. 나는 이것이 맥락을 중시하는 페미니즘적 인식론이 가진 정치적 힘이라고 생각한다. 페미니즘적 인식론은 나아가 피해의 고통과 그에 대한 왜곡된 해석을 만들어낸 구조적 원인을 제시하는 것을 통해, 기존에 페미니즘에 동의하지 않던 이들까지도 포괄하는 연대를 구축할 수 있게 된다. 이렇게 확장된 연대는 이 사회가 페미니즘을 상식적 규범이자 공용어로서 수용하게 하는 바탕이 될 것이다.

그렇다고 정치적 올바름을 아예 그만두자고 제안할 생각은 없다. 다만 맥락을 중시하는 페미니즘적 사유에 기초해 무맥락적인 도덕주의를 넘어설 필요가 있다는 것이다. 가령 "페미니즘은 여성 차별에 반대하므로, 페미니즘을 비판하거나 지지하지 않는 것은 곧 여성 차별을 옹호하는 것"이라고 주장하는 사람들이 있다. 이들의 주장이 문제적인 것은 페미니즘이라는 언어가 사람마다 다르게 이해되는 맥락을 무시한 채 이분법적 도덕주의를 강하게 환기한다는 데 있다. 페미니즘이 공용어의 지위를 획득하지 못한 상황이기 때문에 페미니즘이라는 말은 사람들에게 아주 상이하고 다양하게 이해될 수밖에 없다. 이런 맥락들을 모조리 무시한 채, 페미니스트가 아니라면 여성 차별·혐오주의자라고 주장하는 것은 전형적인 '무맥락 PC'의 한 사례일 것이다. 그런 주장은 설득력도 없을뿐더러 무맥락적인 도덕주의가 자아내는 반발심만 불러일으킨다는 점에서 오히려 해악이 더 크다. 역으로 복잡한 맥락들을 놓치지 않고 고려하려는 노력이야말로 사람들을 설득하고 반페미니즘적 정서를 제압할 수 있는 더 정확한 논리, 더 강한 언어를 가능하게 해준다.

상대의 맥락을 이해하는 것은 개인의 협소한 자아를 넘어서는 활동이다. 한 개인의 경험 세계는 그 자체로 풍부한 광

맥이기도 하지만 한편으로는 제한적이다. 개인의 경험 세계를 넘어서고 자신의 경험 세계를 더 잘 이해하기 위해서는 타인의 경험 세계 속으로 들어가야 한다. 이는 곧 자신이 겪지 않은 또 다른 폭력의 경험을 직면하고 이해하며 그것을 토대로 공감과 연대를 이뤄내는 과정이 된다. 어떤 남성들은 "밤길이 무섭다"는 여성의 말에 "나도 무서우니 그만 찡찡대라"고 답하기도 한다. 이는 타인의 경험을 편향적으로 듣는 것이고, 연대가 아닌 고립으로 귀결되는 태도다. 고통을 정직하게 드러내는 언어에 이런 식으로 거대한 벽과 같은 태도를 취하는 근래의 사회적 분위기는 거의 병적인 것처럼 느껴진다.

역으로 타인의 경험과 맥락을 듣는 태도는 "나도 무서운데 너는 얼마나 무서울까"라는 공감으로 이어진다. 차별과 소외, 폭력의 경험은 오로지 어떤 특정한 개인이나 그 정체성에만 귀속되는 것이 아니다. 이 세계에는 수많은 종류의 폭력이 만연하고, 그 누구도 폭력으로부터 완전히 자유로울 수 없다. 그리고 상이한 종류의 폭력이라 하여도 폭력은 어떤 공통성이 있어 사람들을 공감과 연대로 이끈다. 자신의 고통의 경험을 정직하게 수용하는 것은 타인의 경험과 맥락을 공감하는 힘이 커지는 것과 함께 간다. 반면 타인의 고통에 무관심으로 일관하려는 이는 일차적으로 자신의 고통에도 무관심한 태도를 취한다. 따라서 타인의 맥락을 섬세하게 읽어내고 그것에 다른 해석을 부여하는 일은 곧 '나'와 '당신'의 상호 해방의 과정이 될 수 있다. 이렇듯 맥락적 윤리에 기초한 공감과 연대의 실천은 도덕주의적 함의가 강한 정치적 올바름의 실천과는 다른 전제에 위치하고 있다.

속죄 페미니즘과 주관적인 도덕주의를 넘어

정치적 올바름의 도덕주의적 함의가 만들어내는 실천적 한계는 정체성 정치와 잘 결합된다.

특히 특정한 위치와 정체성에 속한 이의 피해 경험은 다른 위치에 속한 이가 절대 이해할 수 없다고 전제하는 경우가 그러하다. 물론 애초에 인간의 불완전한 인식능력상 타인의 경험과 맥락을 완벽하게 이해하는 건 불가능한 일이다. 타인뿐 아니라 자기 자신조차도 온전히 이해할 수 없다. 그럼에도 불구하고 협소한 경험 세계 너머에 있을 경험되지 않은 맥락을 이해하고자 하는 노력만큼은 가능하며, 그런 노력이야말로 인간에게 인간다움을 보증해주는 유일한 길이다. 또한 이 세계에 편재한 폭력은 인식의 불완전성을 넘어서게 하는 연대의 보편적 기초가 될 수 있다. 물론 폭력과 차별의 경험 그 자체가 자동적으로 성찰과 연대를 가능하게 하진 않는다. 하지만 그 경험을 성찰함으로써 자신의 경험 세계를 넘어 타인의 폭력의 경험을 이해하고 공감할 수 있는 가능성을 확보할 수 있다.

그런 의미에서 이른바 '속죄 페미니즘'은 정치적 올바름과 정체성 정치가 가장 문제적으로 결합된 모습을 보여준다. 이를테면 이성애 중심적 가부장제 사회에서 이성애자 남성이 스스로를 가해자이자 특권자로 이해하며 자신의 가해자로서의 위치와 경험을 '속죄'하는 방식으로 페미니즘적 실천을 하는 경우가 있다. 그러나 이것은 페미니즘이라기보다는 도덕적 나르시시즘의 한 형태로 이해하는 게 적당할 것이다. 속죄 페미니즘은 남성이 스스로를 도덕적 우위를 지녔다고 여겨지는 페미니즘의 편에 위치시킴으로써 도덕적 우월성을 확보하려는 욕망이며, 사유의 근육을 사용하지 않고 페미니스트 여성들의 목소리를 앵무새처럼 반복하는 것에 불과하다. 속죄 페미니즘에서 피해자의 위치에 있는 여성의 경험과 감정은 가해자의 위치에 있는 이가 절대 알 수 없는 것이라고 전제된다. 따라서 앵무새가 되는 것만이 가해자가 유일하게 다른 가해자들보다 도덕적으로 우월할 수 있는 길이라는 것이다. 그러나 이런 사고는 여성을 영원히 이해할 수 없는 피해자이자 타자로 규정하고 자신을 영원한 가해자로서 특권적 위치를 점하는 존재라고 전제한다는 점에서, 도덕주의적 기만의 회로에 사로잡힌 비윤리적인 태도다. 그렇게 속죄 페미니즘은 시혜와 동정의 페미니즘으로 귀결된다.

속죄 페미니즘의 거울상은 윤리의 주관적 독점이라 할 수 있다. 특정한 정체성을 가진 사람만이 유일하게 이해할 수 있는 경험과 맥락이 존재한다는 정체성 정치의 전제는 윤리를 주관성의 차원으로 귀속시킬 위험을 지닌다. 이는 개인이 느끼는 '불편함' 그 자체가 정치적 올바름을 주장하는 근거가 될 수 있다는 논리를 낳는다. 불편하다는 느낌만으로 폭력이 가해졌다는 걸 입증할 수 있다고 한다면, 이는 개인의 주관적 느낌이 윤리의 토대라고 주장하는 것이다. 이 주관성의 윤리학은 보편성을 부정하면서 특정한 집단과 정체성 내의 규범을 도덕으로 만든다. 여성의 경험과 언술만이 유일하게 도덕적이라고 주장하는 TERF(트랜스젠더 배제적 페미니즘)가 대표적인 사례겠다. 하지만 이는 사유와 논증을 제거하고, 개인의 주관적 느낌에 도덕적·지적 권위를 부여함으로써 또 다른 형태의 폭력적 관계를 만들어낸다.

물론 폭력과 차별에 있어 피해 당사자의 특수성은 충분히 고려되어야 한다. 그러나 이것이 당사자에게 자동으로 도덕적·지적 권위를 부여해야 한다는 의미는 아니다. 그것은 연대가 아니다. 연대는 서로의 맥락·경험·감정에 대해 부단히 성찰하고 사유하는 가운데 이뤄지는 관계다. 당사자가 스스로의 경험을 언어화하는 일마저도 그 경험을 들어주고 연대의 관계를 맺는 이의 존재 없이는 불가능하다. 질문과 성찰 없이 주관적 느낌에만 근거하는 당사자주의는 사유와 맥락을 부정하는 도덕주의의 함정과 만난다.

사회적 약자의 가장 큰 무기는 역설적으로 언어와 사유다. 약자의 언어는 주류적 담론과 규범의 결정적 허점이며 그것을 붕괴시킬 수 있는 균열의 장소다. 하지만 사유와 논쟁을 통한 언어화를 포기하고 주관적 느낌에만 머무르는 한 붕괴는 가능성으로만 남는다. 주관적 느낌만을 근거로 하는 주장은 논증 없는 주장이나, 상대주의적 논증에 그쳐 자신의 경험과 감각이 가진 강력한 힘을 스스로 소진해버린다. 이런 한계에 빠지지 않으려면 누구에게나 편재한 폭력의 경험이 연대의 기초가 될 수 있다는 것, 자신과 타인에게 내재한 폭력의 경험과 그 맥락을 성찰하는 과정에서 그 폭력의 원인이 되는 사회구조를 파악할 수 있다는 것, 토론과 논쟁이 없는 사유는 독단으로 흐를 수 있다는 것을 전제하지 않으면 안 된다. 앙상하고 창백한 도덕주의는 이런 전제 위에서 뿌리내릴 토양을 잃는다.

정치적 올바름과 연대의 정치

도덕적 이분법의 한계를 극복하는 정치적 유연성

정치적 올바름을 추구한다는 것은 사람들이 일상적으로 향유하는 언어와 문화를 올바름, 도덕의 문제로 바라보는 일이다. 그런데 어떤 언어나 행위를 도덕적인 차원으로 바라보는 것은 상대방을 도덕적으로 찍어 누르는 비난의 방식으로 이어지기 쉽다. 도덕적 사고가 강고한 이분법적 인식을 생산해내기 때문이다. 거기엔 좋은 것과 나쁜 것이라는 두 개의 선택항만이 있다. 그런데 과연 이러한 방식은 정치적으로 성공적인가?

일례로 미러링의 효과 및 성패 여부는 지속적으로 논쟁의 대상이 되어왔다. 이것을 제대로 평가하기 위해선 긴 논의가 필요하지만, 적어도 여성혐오 등에 대한 사회적 관심을 강하게 환기하는 계기가 되었다는 것만은 분명하다. 메갈리아의 등장과 미투 운동의 폭발 이후, 사람들은 더 조심스럽게 말하게 되었고 여성혐오가 사회적으로 심각한 상황이라는 인식을 확산하는 데도 어느 정도 성공을 거두었다. 하지만 정치와 운동의 기본적인 전략 방침이 지지자를 더 많이 확보하고 반대자를 분산시켜 최소화하는 것이라 할 때, 미러링을 포함한 정치적 올바름의 실천은 현재 얼마나 효과적이고 적합한 것일까?

앞서 논의한 것처럼 정치적 올바름에 근거한 실천은 그 칼끝이 겨냥하고 있는 개인에게 반발심을 불러일으킬 가능성이 높다. 정치적으로 사고한다면 개개인의 반발심 그 자체가 문제가 되지는 않겠지만, 그 반발심이 확산되어 페미니즘이 공용어의 지위를 획득하는 정치적 과정에 상당한 제약 요인으로 작용하게 된다면 문제가 된다. 한편 개인적 차원이 아닌 사회적 차원에서 정치적 올바름에 내재된 도덕주의의 이분법은 옳고 그름의 두 가지 범주로 피아를 구획하면서 진영 논리로 이어지기도 한다. 진영 논리는 자신의 주장이 도덕적이고 상대의 주장은 비도덕적이라는 확신이며, 이 확신은 상대의 주장에 내재한 틀린 부분만을 포착하는 확증 편향의 메커니즘을 통해 강화된다. 설혹 맥락상 오해가 존재했다고 하더라도 일단 '빻은 말'처럼 보이는 단어나 문장을 포착하면 확증 편향은 즉각적으로 상대를 부정할 수 없는 악으로 규정하게 만든다. 이런 이분법적 사고가 작동할 때, 갈등이나 논쟁은 반대되는 주장이 기반한 다층적인 맥락이나 그 주장에 내재된 합리적인 측면은 무시한 채 목소리 큰 사람이 이기는 게임으로 전락해버린다.

문제는 이러한 상황이 기본적으로 약자에게 불리하게 작

용한다는 점이다. 진영 논리가 강고하게 작동하는 상황은 주장과 논거의 합리성이나 윤리적 함의를 약화시키면서 토론과 논쟁을 불가능하게 만들고, 갈등을 적나라한 '힘 대 힘'의 싸움으로 만들어버린다. 그런데 정치적 올바름을 통해 자신의 목소리에 정당성을 부여하고 주장을 관찰시켜야 하는 쪽은 약자이며 소수자이기에, 힘 대 힘의 싸움은 정치적 올바름에 근거한 쪽에 불리하게 작용할 수밖에 없다. 특히 사이버 공간에서의 논쟁은 토론보다는 힘 대결의 전쟁으로 흐르기 쉽다는 점에서, 사이버 공간에서의 정치적 올바름 실천이 과연 정치적으로 얼마나 유의미한 것인지도 고민해볼 필요가 있다.

정치적 올바름은 페미니즘적 실천의 한 방법일 뿐이며, 상황과 맥락에 따라 유효한 정치적 전술의 하나로 이해되는 게 옳다. 물론 누군가에게 도덕적 비난을 가하는 방식을 통해 여성혐오를 옹호하고 일삼는 이들을 정치적으로 고립시키거나, 혹은 손쉽게 그들을 퇴치하거나 우스갯거리로 만드는 것도 중요한 전술의 하나다. 하지만 때에 따라서는 타협을 통해 점진적으로 상대방을 설득하고, 설득을 통해 연대를 확장하는 것, 합리적인 논증을 바탕으로 상대를 격퇴하는 것 등도 필요하다. 우리는 맥락에 따라 다양한 방식으로 정치적 유연함을 발휘해 실천해나갈 수 있다. 또 정치적 올바름 역시 그 한계에도 불구하고 그것을 폐기하기보다는, 그 강점과 한계를 균형 있게 인식하면서 적절하게 사용해나가면 될 것이다.

사회계약의 갱신이 필요하다

정치적 올바름이 도덕주의에 입각해 개인의 비도덕적인 면을 공격하는 방식으로 드러나는 까닭 중 하나는, 그것이 언어나 문화와 같은 추상적인 영역에서의 실천이기 때문이다. 문화적 영역에서는 대통령을 끌어내리거나 특정한 법을 입법 혹은 폐지하듯 가시적이고 물질적인 제도를 변화시키는 것과는 다른 실천이 요구된다. 이때 여성혐오나 강간문화와 같은 문화를 바꾸는 일은 특정 제도나 권력을 변화시키는 것보다 훨씬 막연하고 막막하게 느껴진다. 그러니 가시적으로 드러나는 특정한 개인과 언어를 지목해 그것을 '뚜까패는' 방식을 택하기 쉽다.

이런 이유로 구좌파들은 언어와 문화 차원의 실천을 문제 삼거나 부차적인 것으로 치부하곤 한다. 그들은 경제적 계급 관계와 정치적 권력의 문제를 중심에 놓으면서 언어와 문화의 문제를 경제와 정치의 문제로 환원한다. 그러면서 이를 통해 막연한 문화보다는 물질적인 경제와 정치를 바꿔야 한다고 주장한다. 종종 구좌파들이 정치적 올바름에 반대하면서 반페미니즘에 가까운 입장을 취하는 것도 그래서다. 물론 경제와 정치 영역의 변화가 중요하다는 건 충분히 인정할 수 있지만, 이런 구좌파들의 입장은 다원화된 사회적 갈등을 부정한 채 특정한 정치적 입장만을 절대화하여, 언어와 문화로 인해 고통받는 이들의 존재를 부정한다는 점에서 퇴행적이다.

한 사회 내의 혐오와 차별적 언어는 특정 사회 구성원들을 고통스럽게 하는 것에 그치지 않는다. 아무도 그들의 고통에 응답하지 않는다면, 다음번엔 지금 고통받는 이들을 넘어 사회 구성원 누구라도 혐오와 차별의 대상이 될 수 있다는 암묵적 위협이 사회를 잠식하게 된다. 이것은 사회의 연대를 해체하며 사회적 신뢰를 무너뜨린다. 누구나 위험해질 수 있고 아무도 나를 돕지 않을 것이라는 생각. 한국 사회는 이미 세월호 참사에서 그 아찔한 신뢰의 붕괴를 겪었다. 그렇기에 언어와 문화에 스며든 혐오와 싸우는 일은 이 사회를 함께 살아가는 동료 시민들의 목소리에 응답하고 사회를 더 나은 곳으로 만듦으로써 해체된 사회적 연대를 회복해내는 것이다.

물론 언어와 문화 영역의 변화를 위해 차별금지법처럼 법과 제도를 바꾸거나 신설하는 일이 필요해지기도 한다. 특히 어떤 것을 금지하는 식의 법과 제도만이 아니라, 혐오와 차별에 대항하는 힘을 길러내는 방식으로 법과 제도를 형성하는 방식도 있겠다. 허나 더 근본적으로, 인류의 역사와 그 궤를 같이하는 여성혐오, 강간문화와 같은 심층의 문화를 변화시키는 일이 필요하다. 이는 그런 문화로 인해 고통받아온 이들의 목소리로부터 출발해, 사회적 연대와 신뢰를 복원해내는 과정일 것이다. 몇 년간 집중적으로 지속되고 있는 미투 운동이 그 가장 적확한 사례라 할 수 있겠다.

나는 약자·소수자의 고통에 기반해 사회적 연대를 복원하는 과정을 일종의 '사회계약의 갱신'으로 이해할 수 있다고 생각한다. 한 개인의 고통의 경험을 사회적으로 드러내는 것은 그 개인이 한 사회의 구성원이면서 그의 상처가 사회구조에 의해 만들어진 면도 있다는 점에서 한 사회의 상처를 드러내어 그것을 직면하는 과정이기도 하다. 이런 과정에서 상처를 적극적으로 대면하여 찢겨진 사회를 다시 복원하려는 노력과, 그 상처를 특수한 개인의 탓으로 돌린 채 은폐하려는 시도가 서로 갈등을 일으킨다. 오늘날 미투 운동으로 촉발된 사회적 갈등은 바로 이런 두 반응 간의 대립이라고 할 수 있겠다. 여기서 한 사회가 존재할 가치가 있는지의 여부가 결정된다. 사회적 고통을 드러내선 안 된다는 입장이 다수가 되어 고통받는 이에게 침묵을 강요한다면, 그 사회는 해체되고 붕괴될 것이다. 1993년 서해 훼리호 참사의 경우, 유가족들은 사고

후 미흡한 사회적 대처에 실망한 나머지 모두 한국을 떠나고 말았다. 그들은 "과연 이게 사회냐"라고 되물었을 것이다. 고통을 겪는 이들의 목소리를 무시하는 사회는 또 다른 이의 고통 역시 무시할 수 있다는 점에서, 사람들로 하여금 사회에 대한 신뢰를 거두게 만든다.

반면 적극적으로 고통을 직면하고 그것을 해결해 사회를 재구성하고 연대를 복원하려는 시도도 있다. 1986년 부천서 성고문 사건은 은폐되지 않고, 생존자와 그 가족, 이들의 고통에 연대하는 시민사회의 노력을 통해 사회를 바꾸는 힘이 되었다. 또 1991년 일본군 '위안부' 피해자 김학순 할머니의 용감한 증언은 전 세계가 전시 성폭력 문제를 성찰하게 하고, 전시 성폭력과 싸워온 이들에게 2018년 노벨 평화상이 수여되는 계기가 되었다. 이런 노력의 과정은 부정의가 패배할 수 있다는 것, 이 사회가 개인의 고통에 응답한다는 것을 보여주었다. 이런 경험들이 없었다면 지금 이 사회는 아마 망해도 진즉에 망했으리라.

사회계약의 갱신이란 바로 이런 정의로운 시도들을 거치며 사회적 규범에 대한 약속이 다시 이뤄지는 과정으로 이해할 수 있다. 사회계약은 서구 근대사회 형성에 깊은 영향을 끼친 아이디어로서, 왕정과 신분을 철폐하고 사회 구성원 모두가 평등하고 자유로운 사회를 만들자는 사회적 약속을 뜻했다. 사회계약에 포함된 가치와 규범은 그 사회가 존재하고 지속될 만한 이유가 되는 최소한의 기준이며, 사회 구성원 모두가 그 기준을 준수하고 따를 의무가 있다. 그런데 사회계약에 포함된 가치와 규범은 시대에 따라 늘 갱신되어왔다. 오늘날엔 계급, 젠더, 인종 등에 따른 차별을 인정하지 않는 것이, 비록 형식적일지라도 사회의 근간이 되는 가치와 규범으로 자리잡았다. 정치와 사회운동을 통해 지속적으로 사회계약의 갱신이 이루어져온 결과다. 따라서 사회계약의 갱신이란, 이 사회에 만연한 혐오와 차별과 억압을 드러내고 그것을 사회적으로 해결하려는 시도를 통해 새로운 사회적 규범을 형성하는 것이라 할 수 있다. 이는 이 사회에서 고통받는 개인을 내버려두지 않고 적극적으로 연대하여 지금보다 더 나은 사회를 만들어나가려는 의지이며, 또 그럴 때라야 사회적 신뢰와 연대가 복원될 수 있다.

새로운 공용어를 만드는 길: 연대와 신뢰의 회복

오늘날 한국 사회에서 사회계약의 갱신이 이뤄진다면 거기에 페미니즘의 언어와 문제 제기를 포함하지 않을 수 없을 것이다. 사회 구성원으로서 디지털 성범죄에 고통받는 동료 시민을 내버려두지 않겠다는, 이 사회의 강간문화를 변화시키겠다는 사회적 약속은 그 한 사례다. 이런 사회계약의 갱신은 기존의 계약에 포함되지 않았던 특정한 규범과 가치를 새로이 계약에 포함시키는 것이라는 점에서, 기존의 공용어를 수정하거나 대체하는 새로운 공용어가 탄생하는 순간이라 볼 수 있다. 비록 새로운 공용어에 페미니즘의 가치와 언어들이 완전하게 담기지는 않을지라도, 이것이 중요한 사회적 성과가 될 것이라는 것만큼은 분명하다. 오늘날 제도화된 성폭력 개념이 한계가 있다 하여도 성폭력이 중범죄라는 것 자체를 부정할 사람은 없다. 이렇듯 페미니즘의 언어가 공용어가 되거나 혹은 공용어에 상당 정도 포함된다면, 정치적 올바름 역시 우리 사회에서 지금처럼 뜨거운 감자가 되지도 않을 것이다. 사회적 상식으로 인정된 규범에 대해 지금과 같은 반발이 일어날 리 없기 때문이다.

다만 새로운 공용어를 창출해내기 위해서, 잠재적으로 새로운 공용어가 되어야 할 방언을 품고 있는 집단이 갖추어야 할 조건이 있다. 그것은 지금의 세상과 다른 대안적 세상, 기존의 공용어와 구분되는 대안적 공용어를 이미 집단 내부에 갖추고 있어야 한다는 점이다. 기존의 공용어에 내포된 여성혐오적 언어와 문화와는 전혀 다른 언어를 보여주지 못한다면 당연히 새로운 공용어로 인정받을 수 없다. 기존의 윤리와 다른 페미니즘의 맥락적 윤리를 체화해 보여줄 수 있어야, 즉 페미니즘의 관점에서 사람들의 피해의 경험을 새롭게 해석해 보여줄 수 있어야 사회계약의 갱신을 위한 설득과 연대가 이뤄질 수 있다. 물론 페미니즘은 이론과 실천 두 측면에서 이미 상당 정도 그런 역량을 갖추고 있으며, 페미니즘을 대안적 공용어로 수용하는 사람이 늘어가고 있는 것도 사실이다. 그렇게 대안적인 세계의 상을 일상에서 품어내는 것에서 시작해, 종국에는 그런 일상을 공유하는 이들의 방언을 새로운 공용어로 등극시킬 수 있을 것이다.

기존의 공용어와 새로운 공용어 사이엔 어떤 차이가 있는가? 그것은 사회의 연대와 신뢰를 회복하는가, 해체하는가의 여부를 기준 삼을 때 분명해진다. 기존의 공용어에서 여성혐오는 문제조차 되지 않았다. 이는 여성혐오를 겪으며 그것으로 인해 고통받는 이들을 사회적으로 배제함으로써, 사회적 연대와 신뢰를 해체하는 효과를 낳는다. 반면 새로운 공용어는 여성혐오라는 사회적 문제를 적극적으로 대면하고 더 나은 사회를 만듦으로써, 사회적 연대를 복원하고 강화시킨다. 그렇기 때문에 새로운 공용어는 기존의 공용어와 그저 다른 것이 아니라 더 나은 것이라고 주장할 수 있다. 물론 훗날에

또다시 새로운 공용어가 등장할 것이란 점도 충분히 예측 가능하다.

한국 사회에서 기성의 공용어에 내재된 심각한 문제 중 하나는, 적대적인 진영 논리가 지배적이라는 것이다. 이는 20세기 한국 사회를 압도적으로 지배했던 냉전 체제의 문화적 잔재라 할 수 있다. 조금만 다른 주장을 가지고 있어도 그것을 일고의 가치도 없는 '적'으로 간주하며 온갖 적대적 발언을 쉽게 일삼는 문화가 한국 사회에 팽배하다. 이런 문화가 민주주의를 부식시키고 사회적 약자와 소수자들을 배제하는 데 크게 기여하고 있다. 따라서 페미니즘이 새로운 공용어의 자격을 거머쥐기 위해선 이런 기성의 공용어가 가진 한계를 페미니즘의 입장에서 비판하며 청산하려는 노력이 요구된다. 앞서 논의한 페미니즘의 맥락의 윤리는 적대적 진영 논리에 대한 하나의 대안이 될 수 있을 것이다.

나는 적대적 진영 논리와 대비되는 새로운 공용어가 인간에 대한 품위와 존중의 언어여야 한다고 믿는다. 사람을 적군과 아군으로 구분하여 '우리 편'은 그 어떤 잘못도 용납될 수 있으나 '적'은 반드시 말살되어야 한다는 식의 사고는 차별과 혐오의 사고로 이어지기 쉽다. 이에 맞서는 대안적 언어라면, 그 어떤 인간도 있는 그대로 존중되어야 하며, 사람들이 가진 인간적 품위가 손상되어선 안 된다는 가치를 내포하고 있어야 할 것이다. 물론 미러링을 포함한 '싸움의 언어'도 정치적으로 종종 필요하겠으나, 더 근본적으로는 대안적 언어와 세계를 일상적으로 품어내며 기성의 공용어와 다르다는 것을 보여주는 것이 중요하겠다.

누군가는 이에 대해 "나 하나 챙기는 것도 바쁜데 왜 다른 이를 설득하고 사회를 바꾸는 대단한 일까지 해야 하냐"고 되물을지도 모른다. 하지만 그런 논리는 결국 "성폭력을 당하지 않으려면 짧은 치마를 입지 않으면 된다"는 말과 다를 바 없다. 나 하나만을 챙길 거라면, 성폭력 같은 사회구조적 문제를 개인의 탓으로 돌리는 인식에 저항할 필요가 없다. 어차피 모든 개인이 다 성폭력을 당하는 건 아니다. 나만 조심하면 된다. 그러나 중요한 것은 강간의 위협으로부터 자유로운 사람은 없다는 점이다. 다시 말해 '나 하나만 제대로 챙기는 것'은 애초에 불가능하다. 따라서 나를 둘러싼 사회적 폭력의 복잡하게 얽힌 뿌리들과 싸우지 않으면 안 된다.

언어와 논쟁,
함께 성장해간다는 것

지금까지 정치적 올바름과 관련된 여러 쟁점들에 대해 살펴보았다. 앞서 살펴본 것처럼 정치적 올바름에 대한 여러 이해는 정치적 올바름 그 자체에 내재한 긴장과 모순에서 비롯되는 것이라 할 수 있다. 이 긴장과 모순은 종종 극단적 입장으로 이어지기도 한다. 이를테면 정치적 올바름을 폐기해버리거나 혐오적 문화에 타협해버리는 것, 혹은 정치적 올바름을 강고하게 주장하며 정체성 정치와 결합하는 것 등이 그러하다. 정치적 올바름에 내재한 긴장은 기실 방언의 지위에 놓여 있는 모든 세계관 및 윤리가 겪는 딜레마라 할 수 있다. 따라서 그 긴장을 견뎌내면서 어느 한쪽의 극단으로 기울지 않고 균형을 잡을 필요가 있다. 그러므로 이 글은 정치적 올바름에 내재된 한계를 다루면서, 균형을 잡기 위한 방향타로서 맥락의 윤리, 연대의 정치라는 두 키워드를 제시해보았다. 전자는 맥락적 인식에 바탕을 둔 공감과 설득을 통한 윤리적인 연대의 형성으로, 후자는 정치적 유연함을 통한 현실의 변화와 사회계약의 갱신이라는 실천적 전망으로 구체화될 수 있겠다. 이런 논의는 궁극적으로 페미니즘을 공용어의 지위에 올려놓기 위한 정치적 고민으로 수렴된다.

　이런 결론은 서두에서 언급한 것처럼 일상의 실천 속에서 친구들과 함께 공유했던 문제의식을 놓치지 않고 꾸준히 고민했던 결과이다. 나는 친구들과 함께 토론하고 나눴던 이 고민들이 비단 개인적인 것이라고만은 생각하지 않는다. 그보다는 각자의 자리와 삶 속에서 마주하게 되는, 그래서 공통적으로 한 번쯤은 해보았을 고민일 것이다. 그런 고민을 나름대로 풀어보고 답을 찾아보려 했지만, 이 글이 모두에게 만족할 만한 해답을 줄 수 있을 것이라고 기대하진 않는다. 다만 나는 이 글이 서로의 모자람 속에서 배우며 함께 성장해나가는 계기가 되기를 바란다. 우리는 서로를 존중하는 기반 위에서 이루어지는 날카로운 논쟁을 통해서만 함께 성장할 수 있다. 그런 논쟁 속에서 서로의 사유를 가다듬고 언어 없는 이들의 목소리를 틔워냄으로써 이 망가진 세상을 구할 수 있으리라 믿는다. 사회의 주류적 입장과는 다른 신념·가치를 가진 이들의 가장 강력한 무기는 무엇보다 언어와 논쟁이기 때문이다. 이 글이 더 나은 논쟁을 일구어내는 데 조금이라도 기여할 수 있기를 바란다.

참고문헌

권김현영, 「성폭력 2차 가해와 피해자 중심주의의 문제」, 『피해와 가해의 페미니즘』, 교양인, 2018.

마사 누스바움, 박용준 옮김, 『시적 정의』, 궁리, 2013.

박금자, 『정의롭게 말하기』, 커뮤니케이션북스, 2012.

손희정, 『페미니즘 리부트』, 나무연필, 2017.

안토니오 그람시, 이상훈 옮김, 『그람시의 옥중수고 1』, 거름, 1999.

안토니오 그람시, 이상훈 옮김, 『그람시의 옥중수고 2』, 거름, 1999.

에르네스토 라클라우·샹탈 무페, 이승원 옮김, 『헤게모니와 사회주의 전략』, 후마니타스, 2012.

E. E. 샤츠슈나이더, 현재호·박수형 옮김, 『절반의 인민주권』, 후마니타스, 2008.

정연보, 「상대주의를 넘어서는 '상황적 지식들'의 재구성을 위하여: 파편화된 부분성에서 연대의 부분성으로」, 『한국여성철학』 제19권, 한국여성철학회, 2013.

정희진, 「정치적 올바름」, 한겨레, 2015.10.30.

정희진, 「피해자 정체성의 정치와 페미니즘」, 『피해와 가해의 페미니즘』, 교양인, 2018.

조효제, 『인권의 지평』, 후마니타스, 2016.

홍성수, 『말이 칼이 될 때』, 어크로스, 2018.

모두의 페미니즘을 위한 정치윤리학: 당사자주의를 넘어서 '우리'에 대하여

_이아름

계속해서 다루지 않는다면

2018년 10월 6일, 혜화역에서 제5차 '불법촬영 성편파수사 규탄시위'가 열렸다. 집회 측 추산에 따르면 태풍 소식에도 불구하고 이날 모인 여성들은 약 6만 명에 달했다. 이들은 여성의 인격을 침해하는 불법 촬영물을 생산하고 소비하는 '한국 남성'과, 여성의 피해를 외면하고 왜곡해온 '남경'과 '알탕 언론', 이 모든 것을 방관하는 정부를 향해 분노의 목소리를 드높였다. 이 시위를 주최한 '불편한 용기'는 인터넷 웹사이트 다음의 카페이다. 이들 주최 측은 시위 참가자를 '생물학적 여성'으로 제한하고 있는데, 그 이유는 "시위의 주체가 여성이 되어야 하기 때문"이며, "사회에 만연한 여성 대상 몰카 범죄와, 같은 몰카에도 다른 잣대를 들이대는 사회에 대한 분노로 일어난 시위이기 때문에 여성들이 주체적으로, 여성을 중심으로 시위가 진행되어야 한다고 판단했"기 때문이라고 밝히고 있다. 이렇듯 생물학적 여성이란 논쟁적인 용어를 거침없이 사용하는 것에 대해 많은 퀴어 페미니스트들은 "트랜스젠더 혐오가 아니냐"며 입을 모아 비판하였고, 래디컬 페미니스트를 자처하는 이들 역시 "여성운동은 여성끼리 할테니, 트랜스젠더 운동은 트랜스젠더끼리 하라"며 팽팽하게 맞섰다. 이처럼 온라인 곳곳에서 비판과 논쟁이 계속되었으나, 불편한 용기 측은 이에 대해 무응답으로 일관하였다.

한편 이 시위를 "그럼에도 불구하고 비판적으로 지지한다"고 말하던 이들도 있었다. 이들은 "성소수자 배제에는 이견"이 있지만, "일반화된 몰카 공포"에는 공감한다는 입장이었다. 오마이뉴스와의 인터뷰에서 시위 참가자 K씨는 그럼에도 불구하고 "당사자성에 의한 분노"가 자신을 시위로 이끌었음을 강조하며, "어떤 사회 이슈에 대해서 '당사자'가 되어보지 않으면, 보통 그저 '공감, 위로, 지지'에서 그치게 된다"고 주장했다. 그러나 이들은 곧 통감을 감출 수 없게 된다. 불편한 용기 측은 5차 시위에서 노골적으로 트랜스젠더에 대한 혐오감을 드러냈다. 붉은 행렬 가운데 "남자 혹은 트젠*으로 의심되는 사람이 보이면 신고"하라는 피켓이 떠올랐던 것이다.

또 다른 한편, 불편한 용기 측이 시위 주체를 생물학적 여성으로 제한하는 것을 비판하면서, 불법 촬영물 이슈에 대한 문제의식을 가진 사람이라면 누구나 참여할 수 있는 시위를 만들고자 하는 움직임도 있었다. 이들은 '연대하는 페미니즘'이라는 이름으로 단체 설립을 계획하였고, 이 움직임에 동참

---

* 트랜스젠더의 약자.

하고자 메신저 카카오톡 단체 채팅방에 모였던 초기 멤버들은 약 80명에 이른다. 이들은 다양한 젠더 정체성과 성적 지향을 가진 이들로 이루어져 있었으며, 나 역시 이들 중 하나였음을 밝힌다. 연대하는 페미니즘은 불편한 용기 측에 연락을 취해, 8월 4일로 예정되어 있던 네 번째 시위에서 생물학적 여성이라는 시위 참가자 요건을 폐기할 것을 제안하고자 했다. 또한 시위 당일 생물학적 여성이라는 전제에 대한 토론회를 기획하고, 기자회견을 여는 등의 구체적인 계획을 모색했다.

그러나 결과적으로 이 움직임은 무산되었다. 논쟁은 '연대'라는 용어에 대한 각기 다른 해석에서 촉발되었다. 상기한 활동 계획을 '정치적으로 연대하는 것'이라고 말한 B와 그에 동조한 몇 사람이 있었고, 이에 대해 '트랜스젠더 당사자'라고 밝히고 있는 I는 어떻게 불편한 용기 측과 연대한다는 말을 할 수가 있느냐며 트랜스젠더 배제적인 발언에 대해 사과하라고 요구하기 시작했다. I는 "피부에 닿지 않으면 못 느끼는 바가 있나 보네"라고 비아냥거리거나, "트랜스 당사자가 배제적이라고 느꼈는데 사과받는 것은 당연하다"라고 주장하다가 "그냥 앨라이**들끼리 운동하"라고 성토하기도 했다.

** ally, 소외받고 억압받는 자들을 지지하지만, 그 집단에 속하지는 않는 사람을 말한다.

그런데 이 같은 주장에 대해 다른 '트랜스젠더 당사자'들이 도리어 반박하고 나섰다. 연대 제의가 갖는 정치적 의도는 무시하고, 연대 그 자체만 가지고 트랜스젠더 혐오라고 하는 것은 비약이라고. 조금 더 사실대로 말하자면, '트랜스젠더 당사자'들 몇몇은 직접 "정치적으로 연대할 수 있다"고 주장하기도 했다. 결국 사과를 하니 마니 하며 반나절 동안 실랑이가 이어지자, 사람들은 피로감에 지쳐 하나둘 떨어져나갔다. 여기에 I에 의한 아웃팅* 문제까지 불거지면서 이 단체 채팅방은 완전히 와해되고 만다. 이렇다 할 단체가 조직되기도 전에 활동이 좌절된 것이다.

내가 위의 사건들을 병렬해 제시한 것은 서로 다른 두 집단인 것처럼 보이는 여성과 트랜스젠더 사이의 공통된 전제인 '당사자성'을 보여주고 싶어서다. 이론적 차원에서 당사자성 또는 정체성 페미니즘은 이미 많은 비판을 받았지만, 여전히, 특히 온라인 공론장에서는 누구라 할 것 없이 정체성에 천착하여 발언권을 확보하려는 경향이 남아 있다. 이렇듯 많은 논란에도 불구하고 늘 당연하게 그 자리에 존재하고 있는 전제를 다시 한 번 뒤흔들어야 할 필요를 느낀다. 나는 주장

---

* outing, 성소수자의 성적 지향이나 성 정체성을 본인의 동의 없이 밝히는 행위를 말한다.

한다. 젠더 억압을 당사자성에 의해서만 파악할 수 있다고 주장하는 것은 왜곡이라고. 이 글에서는 안정된 재현 주체를 상정하는 당사자성과 정체성 정치를 비판하고 배타적인 실천을 넘어선 정치적·윤리적 가능성을 제시하고자 한다.

물론 이처럼 논쟁적인 주제를 다루는 것에 대해 두려움이 없다면 거짓이다. 그러나 '누군가 계속해서 이 주제를 다뤄주지 않는다면, 우리의 운동은 서로를 이해할 길이 없는 만인 대 만인의 투쟁으로 치달아 결국 소멸되고 말 것이다.' 이것이 나의 위기감이다. 이제 누가 젠더 억압의 당사자인가를 논하는 것은 과연 소모적이다. 우리가 소수자에 대한 억압을 비판하고 사회적 공론화를 요구할 수 있는 이유는 분리할 수 없는 수많은 정체성들이 가로지르는 어지러운 시공간 속에 배치되는 바로 그 지점에 개인이 구성되기 때문이다. 인권의 연결성과 다양성을 사유하는 것이 어려운 일이라면 트랜스젠더 해방도 여성해방도 요원한 일일 수밖에 없다.

갈등의 온상이 된 온라인 공간

한국 온라인 공간 여성 생존 분투기

한국 온라인 공간의 역사를 보자. 한국 온라인 공간의 역사는 남성 중심적 공간에 여성들이 균열을 일으켜온 기록이다. 온라인 공간은 오프라인의 남성 중심성이 그대로 유지되는 장이었다. 물리적 신체가 직접 드러나지는 않지만 성별·연령·계층·거주지·학력 등에 따라 온라인 공간의 접근 자체에 차이가 있었기 때문이었다. 그러나 한국 온라인 공간에서 본격적으로 성별 분리가 이루어지기 시작한 계기는 1998년 전후의 군 가산점제 논쟁이라고 할 수 있다.

1998년 2월에 군 가산점제 헌법 소원이 제기되자 온라인 공간에서 논쟁이 점화됐다. 그러나 정확히 말해서 이것은, 성별 간 논쟁이 아니라, 여성을 향한 남성의 일방적이고 집요한 괴롭힘이라고 불러야 마땅하다. 논쟁에 참여하는 여성 이용자의 수가 현저히 적고 참여가 활발하지 못한 상황에서 남성들은 여성 이용자를 찾아내 곧바로 마녀 재판대에 올려놓았고, 그렇게 재판대에 오른 여성은 온갖 폭언과 성희롱에 시달려야 했다. 1999년 해당 법률이 위헌 판결을 받은 후에는 상황이 더욱 악화된다. '한국남성운동협의회' '여성징병추진위'

'남성우월자모임' '한국남성연합회' 등이 생겨나고 안티 페미니즘 사이트들이 범람하기 시작한 것이다. 2000년대 이후에는 이러한 여성혐오 정서가 온라인 공간의 대표적인 놀이 문화로 자리했고, 이 같은 흐름은 오늘날까지도 더욱 노골적인 형식으로 드러나고 있다.

여성혐오 정서에 시달리던 여성들은 여성들만으로 분리된 공간을 찾기 시작했고, 또, 찾을 수밖에 없었다. 이러한 배경에서 인터넷에서는 여초 커뮤니티라는 개념이 등장했다.('남초 커뮤니티'란 개념은 존재하지 않았다. 기본적으로 커뮤니티는 남초라고 간주되었기 때문이다.) 여초 커뮤니티에서는 첫째로, 페미니즘적인 공간을 창출하기 위해 노력했다. '여성신문' '여성 연합' 등의 기존 주류 시민단체와 연합하여 여성 사이트를 만들었고 이어서 영 페미니스트young feminist 그룹이 등장하여 '달나라 딸세포' '언니네' 등의 공간을 만들었다.

2000년대에 이르러서는 대형 포털 사이트의 카페, 커뮤니티들이 등장하여 여성들에게 안전하고 편안한 둥지를 제공하였다. 초창기 이들 여초 커뮤니티에서는 여성주의에 대한 의식 없이 놀이 문화를 즐기고 다이어트, 화장품 등의 생활 정보를 공유하는 분위기가 형성되었다. 여초 커뮤니티는 남성의 가입을 엄격하게 통제하였다. 남성이 여성의 신분을 몰래 이용해 침투할 것을 우려하여 주민등록증 소유자가 주민등록증과 아이디를 적은 메모지를 들고 찍은 사진을 이메일로 인증하도록 하기도 했다. 또한 지정된 날에만 회원가입을 받거나 등급을 올리기 위해서는 시험을 봐야 하는 등의 조건이 뒤따랐다. 이러한 조치들은 전통적으로 남성들의 공간이었던 온라인 공간을 젊은 여성 위주의 카페들이 활용하기 위함이었다고 하겠다.

한국에서는 2010년을 기점으로 다양한 소셜 네트워크 서비스SNS가 기존 커뮤니티의 서비스를 대체하기 시작했다. 2018년 정보통신정책연구원의 통계에 따르면 전체 SNS 이용률은 남성이 44.2퍼센트, 여성이 45.8퍼센트로 여성이 약간 더 높고, 그 이용률은 매년 증가하고 있다. 그리하여 SNS라는 새로운 공론장은 여성을 비롯한 소수자들의 평등한 온라인 공간 참여를 위한 기대주로 부상하게 되었다.

한국 넷-TERF의 탄생

SNS를 통한 한국 여성주의의 움직임은 2015년 메르스MERS 사태 이후 폭발적으로 증가하였다. 이해는 한국 사회에 페미니즘이 부흥하게 되는 해가 되었는데, 그것은 다름 아닌 '메갈리아'의 등장 때문이었다. 강남역 살인 사건 당시 여성운동 웹

사이트들은 메갈리아를 필두로 오프라인으로 활동 영역을 확대하여 운동을 주도했다. 이들은 2011년의 '잡년 행진'*만큼이나 폭발적인 여성들의 사회적 움직임을 이끌어냈다. 또한 이들은 이를 바탕으로 SNS에서도 페미니즘 담론을 형성하고 이를 세력화하고, 또한 분리하기 시작했다. 이에 현재 온라인 공간에서는 여성주의의 파벌화가 '절찬리에' 진행 중이다. 그중 가장 두드러지는 세력은 'TERF'라고 불리는 이들이다. TERF**는 Trans-Exclusionary Radical Feminist의 약칭으로, 트랜스젠더를 배제하는 급진주의 페미니스트를 일컫는다.

이들은 젠더 담론의 철폐와 섹스 담론의 부활을 주장하는데, 이 주장은 온라인 페미니즘 공동체에서 게이, 트랜스젠더 여성 등 생물학적으로 남성의 성을 부여받은 이들을 배제하고 혐오하는 정서를 조장한다. 이를 역사적으로 오랫동안 온라인 공간에서 성희롱과 차별, 공격을 받아온 여성들의 방어적 태도라고 보는 주장도 있으나, 성소수자에 대한 직접적인

---

* 토론토의 한 경찰관이 "성폭행을 당하지 않기 위해 여자들은 슬럿slut, 즉 성매매 여성처럼 입지 말아야 한다"라고 말한 것에 분노한 토론토 여성은 2011년 슬럿처럼 차려 입고 "슬럿처럼 입을 권리"를 포함한 '자기결정권'을 강조하였다. 같은 해 한국에서는 고려대 의대생 성추행 사건이 일어났고, 이에 분노한 트위터리안 '도둑괭이'가 "20번 리트윗 되면 한국에서도 슬럿워크를 하자"는 트윗을 올린 것을 시발점으로 하여 한국판 슬럿워크를 추진하려는 사람들이 조직되어, 잡년 행진이 개최되었다.

** 모든 래디컬 페미니스트가 TERF의 입장을 지지하는 것은 아님을 나타내기 위해 페미니즘 공동체에서 만든 용어다. http://theterfs.com

조롱과 혐오 발화를 놀이 문화로 삼는 등의 최근의 행태를 보건대 그러한 해석은 무리가 있다고 본다. 이들은 트랜스젠더의 트랜지션*을 조롱한답시고 "나는 고양이로 정체화하고 있으니 고양이 젠더다"라는 언설을 내뱉거나 트랜스젠더와 정신병자를 합성하여 '젠신병자'라는 말을 만들어내기도 했다. 또한 게이를 조롱하기 위해 항문성교를 연상케 하는 '똥꼬충' '앤나온다' 등의 표현을 놀이 문화처럼 즐기기도 한다.

그중에서도 무엇보다 성소수자를 두렵게 하는 것은 아웃팅이다. TERF의 대표 커뮤니티인 워마드는 메갈리아에서 불거진 '게이 아웃팅 사건'에서 분리주의를 표방하는 이들이 분리되어 탄생한 사이트다. 메갈리아는 사건 당시 내부의 게이 혐오 정서에 대한 자정의 목소리를 냈지만, 이 사건을 계기로 분리주의를 표방하는 이들이 워마드로 분열되어 나가고, 미러링 기법**에 대한 여론이 급격히 악화되면서 2016년 폐쇄되고 만다. 그 이후 현재까지 워마드는 게이나 트랜스젠더의 과거 인적 사항을 추적하여 사진을 찾아 동의 없이 게시하고

---

* 트랜스젠더가 자신의 성 정체성에 부합하는 성별로 살아가기 위해 전환하는 과정을 일컫는다. 좁게는 외과적 수술, 호르몬 요법 등을 말하는 트랜스섹슈얼transsexual, 넓게는 '이성'의 옷을 입는다고 간주되는 크로스 드레서cross dresser와 드랙drag도 포함한다.

** 혐오 발언을 정확히 반사해 되돌려주는 거울 기법, 뒤집기 실천이다.

개인 정보를 폭로하는 등 아웃팅을 계속하고 있어, 퀴어 페미니스트들의 공포와 공분을 사고 있다. 주장컨대, 이것은 기득권의 활용이고 성소수자에 대한 혐오이지, 여권에 대한 기여도 아니고 여성주의적 공간을 창출하기 위한 노력도 아니다.

문제는 이들의 세력이 확장되는 속도이다. 정경직이 다루고 있듯 여성학계의 복잡한 논의들이 무색하게, 온라인에서 페미니즘 이슈는 여성과 남성이라는 생물학적인 이분법의 인식 틀로 환원되어 빠르게 퍼져나가는 경향이 있었다. 때문에 TERF들이 주장하는 생물학적 여성과 남성이라는 이분법적 틀에 기초한, 쉽고 자극적으로 이해되는 트랜스젠더에 대한 설명들은 분리주의적 공간이었던 여초 커뮤니티에 급속도로 흡수되었다. 현재 여초 커뮤니티의 대표 격으로 여겨지는 여성시대나 쭉빵 등의 카페들에서 TERF들이 활약하는 것은 이런 까닭이다. 앞에서 언급한 불편한 용기 역시 워마드에서 파생되었다.

트랜스젠더 VS '생물학적 여성'

트랜스젠더와 여성의 갈등은 여성혐오를 공론화하는 과정에서 심화되었다. 2017년 왁싱샵을 운영하던 여성이 남성에 의해 살해당하는 사건이 일어나자, '넷 페미니스트'들은 이를 여성혐오에 의한 살인 사건으로 공론화하고자 하였다. 그러나 이 사건에 대한 시위를 조직하려던 주최 측은 시위 참여자를 생물학적 여성만으로 제한하였고, 이에 TERF와 트랜스젠더 간 논쟁이 유발되었다. 성중립 화장실 이슈에서도 마찬가지였다. 성중립 화장실을 주장하는 이들은 모든 젠더가 자유롭게 이용할 수 있는 1인 화장실을 추가로 설치하자고 제안하였다. 그러나 이를 여성의 공간에 대한 '생물학적 남성'의 침입이라 간주한 TERF들은 성중립 화장실 설치를 주장하는 트랜스젠더의 페이스북 계정이나 트위터 계정으로 찾아가 집단적으로 공격을 가했다.

TERF들은 트랜스젠더(이때 트랜스젠더는 MTF*로 한정된다)는 '남성으로 살다가 여성으로 변화한 것'이므로 시스젠더** 여성의 차별 경험을 공감하거나 이해할 수 없으며, 남성으로

---

* Male-to-female, 트랜스여성.
** 생물학적 성과 사회적 성이 일치된다고 여겨 성별 위화감을 겪지 않는 사람을 말한다.

살면서 이미 특권을 누릴 만큼 누렸다고 주장한다. 더 나아가 여자 화장실 등 '생물학적 여성'만 입장할 수 있다고 여겨지는 곳이 몰카 촬영 범죄 등에 훨씬 일상적으로 노출되므로 트랜스젠더는 공론화의 대상자가 아니며, 오히려 트랜스젠더 역시 여성들에게는 공포의 대상(이때 트랜스젠더를 여장남자로 묘사한다)이라 주장한다. 자신은 TERF는 아니라고 말하는 이들이 "나는 트랜스젠더나 게이를 혐오하는 것은 아니지만"이라는 서론으로 시작하여 "그래도 남성의 몸_{male body}과 여성의 몸_{female body}은 태어날 때부터 경험이 다르다. 피메일 바디만이 겪는 특별하고도 공통된 억압이 실존한다"고 주장하기도 했다.

위와 같은 해석은 트랜스젠더를 시스젠더의 경험에 의거하여 상상하거나 트랜스젠더의 경험을 지워버리는 행위이다. 이처럼 시스젠더들만의 특별한 공통 억압 경험을 강조하는 경험주의적 경향에 트랜스젠더 역시 정체성에 의거한 당사자성으로 맞서게 된다. 트랜지션 과정에서의 어려움이나, 외과적 수술의 위험성, 아웃팅과 성범죄에 노출될지 모른다는 공포, 구직의 어려움 등 트랜스젠더만이 겪는 특별한 경험을 강조하기 시작한 것이다. 이때 트랜스젠더들만 겪는다는 특수한 억압 경험은 앨라이나 시스젠더는 결코 이해할 수 없는 영역이라고 간주되었다. 트랜스젠더 앨라이임을 자처하는 트랜스젠더에 우호적인 이들 중에도 트랜스젠더의 경험은 시스젠더와 구별되는 특별한 경험이므로, 서로가 서로에게 관용을 베풀어줘야 하는 영역이라 이해하는 경우가 많았다. 이렇듯 얼핏 보기에 상이한 두 집단처럼 보이는 이들의 대립은 갈수록 심화되었고 갈등 종식의 가능성은 점점 희미해지고 있었다. 페미니즘 제2물결과 퀴어 이론이 내포하고 있던 정체성 정치, 그 이면의 배타성이 남겨놓은 결과라고 하겠다.

페미니즘의 정체성 정치

페미니즘 제2물결의 성과와 한계, 제3물결의 등장

1960년대는 페미니즘 제2물결의 시대였다. 1950년대 대부분의 서구 국가에서 여성 참정권이 실현된 이래로 여성들은 남성들과 비교적 대등한 교육을 받으며 의식화되었다. 이들은 남성들과 함께 빈부격차와 인종차별에 맞서 싸우며 반전운동과 동성애자 인권운동 등의 다양한 사회적 이슈에 앞장섰다. 그러나 투쟁이 계속될수록 여성들은 계급적 이해만으로는 남성들과 동지가 될 수 없다는 것을 깨닫게 된다. 여성이라는 이유로 겪게 되는 성적 억압의 경험들이 여성들로 하여금 평등과 자유, 해방의 가치를 재고하게 만들었기 때문이다. 나아가 자신들의 경험이 사사로운 일이 아니라, 정치적이고 사회 구조적인 문제로부터 발생한 것이라는 사실을 알게 된 여성들은 집단 여성, '여성 주체로서의 여성'을 강조하며 여성 간 연대를 지향하게 된다. 그리하여 탄생한 슬로건이 "가장 사적인 것이 가장 정치적이다"이다. 제2물결은 비록 여성 억압의 원인과 그 극복 방법에 대한 내부의 관점 차이는 있었지만, 여성에 대한 차별을 철폐하려는 집단적이고 체계적인 움직임이었다는 점에서 가치 있다. 이들은 각자의 입장을 모색하고 정립하여 이론적이고 실천적인 다양한 발전을 이룩하였다.

이후 1980~1990년대를 지나면서 페미니즘은 새로운 시대를 맞이한다. 수많은 포스트 이론과 결합한 새로운 포스트 페미니즘 이론화 경향이 등장한 것이다. 이러한 역사적 전환기를 페미니즘 제3물결이라 부르기도 한다. 포스트 페미니즘은 제2물결까지 이어져온 페미니즘의 보수성에 대한 자성의 목소리라고도 할 수 있다. 제2물결은 '여성 주체'를 다른 정체성의 요소들보다 먼저 구성된 것으로 이해하며, 이를 정치적 모델로 제시하고 있었다. 계급이나 인종, 섹슈얼리티 등은 그러한 정치적 모델에 덧씌워져 결합되는 요소로 이해되었다. 제3물결은 그러한 정치적 모델을 비판하면서, 여성들이 겪는 다양한 억압의 양상, 모순적 위치성, 나아가 정체성의 상대적이고 관계적인 측면에 대한 이론화 작업을 발전시켰다.

생물학적 범주가 아니라 정치적 범주다

앞서 서술한 "생물학적 여성이란 논쟁적인 용어"라는 언설에 대해 '왜?'라는 의문을 가진 사람이 있었을 것이다. 이 논쟁은 제3물결 페미니즘의 역사를 거슬러 올라간다. 1990년, 기존 페미니즘에서 정설로 받아들여졌던 섹스(생물학적 성)와 젠더(사회적 성)의 이분법을 해체하고 "섹스는 언제나 이미 젠더였다"라는 파격적인 주장을 하는 이론가 주디스 버틀러가 등장하면서 여성학계에는 커다란 질적 변화가 일어났다. 그는 자신의 저서 『젠더 트러블』에서 섹스 역시 젠더만큼이나 문화적이고 정치적으로 구성되었다고 주장한다.

버틀러의 주장은 섹스를 해체하는 것이지만 이것이 곧 생물학적 자연에 대한 소거를 의미하는 것은 아니다. 그것이 순수한 생물학적 실체가 맞느냐는 근본적인 질문을 제기하는 것이다. 시몬 드 보부아르Simone de Beauvoir의 "여성은 태어나는 것이 아니라 만들어지는 것이다"라는 주장을 보자. 보부아르가 위와 같은 주장을 했던 1949년 당시, 지배적인 성 담론은 사회생물학이었다. 사회생물학은 남성의 성은 충동적이고 능동적인 반면, 여성의 성은 수동적이고 반응적이라고 여기며, 인간의 모든 사회적 행동의 기초를 생물학적 근거에서 찾으려 했다. 이러한 역사적 배경 속에서 보부아르는 역으로 사회규범이 여성성을 구성하면서, 동시에 그것을 자연적인 실체인 것처럼 믿게 만드는 것이라고 비판한 것이다.

버틀러는 한 발 더 나아가서, 겉보기에 자연적인 것처럼 보이는 성적 사실들이 정치적이고 사회문화적인 이해관계를 추구하면서 과학 담론인 양 이해되고 있었다면, 섹스가 불변의 특성을 지녔다는 것 역시 의심과 논쟁의 대상이 되어야 마땅하지 않느냐는 질문을 던졌다. 스스로 몸의 경험을 인식하는 것마저 사회적 관계를 반영하고 있다면, 그것은 이미 섹스가 아닌 젠더가 아닌가. 자궁을 적출하거나, 완경한 여성을 훼손된 여성이라 간주하던 가부장적 이성애주의와 "자궁이 없는 자, 말하지 말라"라는 넷 페미니스트들의 언설은 얼마나 상통하는가. 버틀러는 "생물학은 운명"이라는 공식을 논박할 의도로 제시된 섹스와 젠더의 구분이 오히려 그 주장에 공헌하게 되었다고 통렬하게 비판했다.

이처럼 버틀러는 2세대 페미니즘이 그동안 다뤄오지 않았던 가부장적 이성애주의를 퀴어의 정치학으로 비판하면서 역대 페미니스트들의 논의를 도발적으로 해석한다. 또한 버틀러는 운동 주체로서 보편 여성이라는 일관되고 매끄러운 재현 주체가 필요하다는 기존 페미니즘의 정체성 논의에도 반기를 든다. 버틀러에 의하면 주체가 정치학에 앞서 존재한다고 주장하는 바로 그 지점이 가장 정치적인 지점이다. 왜냐하면 정치학이 시작되기 전에 이미 존재하는 주체가 있다는 생각은, 배타적인 정치적 실천을 통해서 "주체가 구성되고 생산된다"는 사실을 보지 못하게 만들기 때문이다. '여성'이라는 용어는 늘 가변적이고 모순적으로 성립되며, 누군가를 규정하는 완전한 의미가 될 수 없다. 따라서 여성이라는 대상을 재현하고

자 할 때, "어떤 여성을 재현할 것인가?"라는 불안한 경합을 피할 수 없다. 그리고 이에 따르는 배타적인 실천은 결국 '동일성의 폭력'이라는 또 다른 폭력에 가담하면서 더 심한 파편화를 불러일으킨다.

퀴어·트랜스젠더 운동의 정체성 정치

퀴어 운동 VS 트랜스 운동

퀴어 이론은 인간을 특정 정체성과 섹슈얼리티의 범주로 구획하는 권력을 문제시하며 출발했다. 그렇기에 퀴어 이론은 섹슈얼리티를 다룬다는 인식이 현재까지도 이어지고 있다. 섹슈얼리티 이론의 출발점으로 여겨지는 게일 루빈Gayle Rubin은 『일탈』에서 섹슈얼리티의 계층에 기반해 특정 섹슈얼리티에 대한 박해가 이루어지고 있다고 주장했다. 이처럼 퀴어 이론은 이성애 중심주의를 비롯하여, 특정 섹슈얼리티를 비정상적인 것으로 치부하는 권력의 작동 방식을 탐구하고자 한 것이다. 그러나 한국의 트랜스젠더 이론가 루인에 따르면 실제로 퀴어 연구는 동성애를 중심으로 한 의제에 지나지 않았다. 섹슈얼리티를 논의한다면 응당 다루어야 마땅한 낙태·임신·출산·성폭력 등에 대한 논의가 퀴어 의제 바깥으로 밀려난 것이다.

게다가 루인에 따르면 1990년대 초 미국 퀴어 커뮤니티에서는 트랜스젠더를 퀴어의 일부라고 인정하지 않았는데, 그 이유는 동성애자의 성적 지향이나 성적 실천은 이성애적 규범성에 도전하는 움직임이지만, 트랜스젠더가 젠더를 재구성하는 실천은 기존의 여성성과 남성성을 반복, 재생산하는 행동에 불과하다고 여겨졌기 때문이다. 이런 인식은 동성애 커플 사이의 이성애적 연애 젠더 롤을 기대하는 인식과 다를 게 없다. 게이 커플에게 "누가 여성 역할을 맡고 있니?"라는 해괴한 질문을 던지는 사람이나, 트랜스젠더에게 "넌 무슨 젠더를 따라 하고 있니?"라는 망측한 질문을 던지는 사람이나 거기서 거기라는 말이다. 이렇듯 트랜스젠더를 기존의 젠더 규범을 교란하는 존재가 아니라 *그저 기존 젠더의 모조품 정도로 인식한다면*, 퀴어 연구는 스스로 무화하려 한 지배적 섹슈얼리티에 예속되는 결과를 초래할 것이다.

사유의 재시작, 트랜스젠더리즘을 탐험하라

트랜스젠더라는 용어는 1991년 미국 트랜스젠더 활동가 홀리 보스웰Holly Boswell에 의해 고안되었다. 트랜스젠더라는 범주 용어는 특정 정체성을 지칭하는 방식이 아니라 다양한 행동 양식과 실천 양상을 지칭하는 방식으로 정의되었다. 그런 이유로, 트랜스젠더리즘은 제2물결 페미니즘 및 퀴어 이론과 범주 및 개념 구성에서 긴장 관계를 형성할 수밖에 없었다고 루인은 설명한다. 당시 이 두 이론이 정체성 정치에 기반하고 있었기 때문이다.

그러나 앞서 언급했듯이 넷 페미니스트들의 경험주의에 트랜스젠더들 역시 정체성에 의거한 당사자성으로 맞서면서 한국 트랜스젠더 운동은 일면 정체성 운동으로 이어지는 경향이 있었다. 또한 한국에서 트랜스젠더 운동은 당연히 퀴어 운동의 한 축이라고 이해되고 있었던 까닭에 트랜스젠더 운동이 LGBT*를 표방하는 퀴어 운동의 정체성 정치에 흡수, 결합되면서 트랜스젠더의 당사자성과 외과적 수술 경험이 강조되었다. 또한 트랜스젠더의 생물학적 결정성을 강조하기 위해 간성Intersex**이 호출되었다. 그리하여 트랜스젠더라는 몸을 가진 자만이 경험할 수 있고 시스젠더나 앨라이들은 결코 경험할 수 없는 특수한 억압 경험이 실존하는 것처럼 여겨지게 되었다.

이러한 설명에는 시스젠더 집단과 트랜스젠더 집단을 매끈하게 분리할 수 있다는 전제가 깔려 있는데, 이는 시스젠더와 트랜스젠더의 몸을 완전히 다른 경험을 체현하는 육체로 설명한다는 점에서 문제적이다. 강조하건대, 트랜스섹슈얼의 경험을 소거하고자 하는 것이 아니다. 다만 이것은 트랜스섹슈

---

* 레즈비언lesbian, 게이gay, 양성애자bisexual, 트랜스젠더transgender의 앞 글자를 따, 성소수자를 의미하는 말이다.

** 해부학적인 성적 특징이 성별 이분법적인 구분에 부합하지 않는 경우를 일컫는다.

얼의 경험이 이해되는 방식에 대한 문제 제기다. 다시 말해 트랜스섹슈얼의 경험이 트랜스젠더의 본질적·생물학적이고 핵심적인 경험인 것처럼 이해되고 있는 것을 문제삼는 것이다. 트랜스젠더라는 말이 고안된 이유는 외과적 수술을 감행한 트랜스섹슈얼뿐만 아니라, 다양한 젠더 실천을 통해 기존 젠더 질서에 저항하며 살아가는 모든 이들을 포함하기 위해서였다. 루인은 트랜스젠더라는 용어를 확산시킨 레슬리 파인버그Leslie Feinberg를 소개하면서 파인버그가 트랜스젠더를 정의했던 내용에 대해 설명한다.

루인에 따르면 파인버그는 사회의 지배적 젠더 규범에 저항하는 모든 존재를 트랜스젠더로 정의했다. 이러한 정의를 통해 트랜스젠더는 성별 전환을 위해 의료적 조치를 원하는 트랜스섹슈얼을 포함하여 크로스드레서crossdresser, 드랙drag, 부치 레즈비언butch lesbian, 여성스러운 게이, 더 나아가 젠더 규범에 순응하지 않는 이성애자까지 포괄했다. 이러한 정의 아래 트랜스 운동은 특정 정체성에 기반한 운동이 아니라 더 넓은 저항과 해방의 가능성을 지향할 수 있었던 것이다***

사실 트랜스젠더의 고유한 경험이라 여겨지는 트랜지션을

***　루인, 「젠더로 경합/불화하는 정치학: 트랜스젠더퀴어, 페미니즘, 그리고 퀴어 연구의 이론사를 개괄하기」, 『여/성이론 통권』 제38호, 2018, 104-105쪽.

수행했을 때 겪는 위협이나 아웃팅에 대한 문제는 모든 트랜스젠더들이 겪는 것도 아니고, '트랜스젠더들만' 겪는 것도 아니다. 심지어 트랜스젠더에 적대적인 TERF들조차도 탈코르셋 운동*을 실천하며 기존의 여성성에 대한 규범을 따르지 않는다는 이유로 온·오프라인을 막론하고 공격의 대상이 되거나 '꼴페미'로 지칭되며 인터넷에 사진이 유포되는 등 일상적인 위험에 노출되어 있다.

더 명확히 말해서 그 누구도 이상적이라 간주되는 여성성과 남성성의 규범에 영원히 완벽하게 도달할 수 없고, 바로 그런 이유 때문에 오늘날 우리는 누구든지 트랜지션과 같은 비관습적인 젠더 행위를 수행하며 살아가고 있다. 오늘날은 과거와 달리 여성이 바지를 입어도 젠더 규범으로부터 힐난과 추궁을 받지 않는다. 여성들의 사회적 지위가 비교적 상승하고, 공적 영역으로 진출하는 경우가 늘어나면서 전통적으로 남성의 의복이라 여겨졌던 바지가 유니섹스화되었기 때문이다. 또한 아방가르드한 패션으로 여겨지는 남성의 치마 착용도 치마를 유니섹스화하기 위한 시도다.

---

* 탈코르셋은 오직 미美를 위해 여성에게 강제되는 것들을 통칭하는 이념적 프레임인 '코르셋'과 벗어나자는 의미의 탈脫을 합성한 말이다. 이 운동은 여성들이 스스로 삭발을 하거나 화장품을 버리는 등의 행위를 SNS에 업로드하고 다른 여성들의 참여를 독려하면서 전개되었다.

모든 젠더가 드랙처럼 젠더를 수행하게 된다는 것을 보여주는 가장 간명한 사례는 '아줌마'의 젠더 수행이라고 하겠다. 기혼 중년 여성이 특별한 날에 과하다고 여겨질 정도로 여성의 인공적 자질을 표현하려는 시도를 하는 모습을 본 적이 있을 것이다. 번쩍번쩍한 브로치와 수어개의 반지들, 올림머리, 과하리만큼 붉은 립스틱을 바른 모습은 드랙의 젠더 수행을 떠오르게 한다. 이와 같은 현상은 기혼 중년 여성이 본래의 여성성을 상실했기 때문에 인공적인 젠더 수행을 한다는 것을 의미하는 것은 아니다. 오히려 그것은 여성성이 생득적이지 않다는 것을, 그리하여 여성성은 원본이 아니라 모방물이었다는 것을 시사한다. 왜냐하면 젊은 여성들의 젠더 표현을 검토해보아도 같은 답이 나온다는 것을 알 수 있기 때문이다.

이제 서두에서 소개했던 연대하는 페미니즘 사건을 상기해보자. I의 주장은 트랜스젠더를 존재론적으로 환원하고 있다. 그러한 시각은 트랜스젠더를 단순히 생물학적 오류라 해석하는 기존의 이분법적 질서로부터 한 치도 벗어나지 못한 채 다시 정박된다. 또한 간성을 이해하는 데에도 상당한 오해의 소지를 제공한다. 간성을 생물학적 이분법의 오류를 폭로하는 존재로 가시화하면서 그러한 몸 자체를 담론 이전의 본질이라 오인하는 것이다. 그러나 버틀러는 『젠더 트러블』에서 양성인간 에르퀼린의 이례적인 몸을 담론이나 규범 이전의 몸이 아니라 오히려 사법 담론이 생산한 해결 불가능한 양가성 ambivalence의 기호로 읽어야 한다고 설명한다. 쉽게 말해, 양성인간은 '본래적인 다원성'을 가진 존재가 아니라 오히려 몸이 담론이란 폭력에 연루되면서 탄생한 존재라고 본 것이다.

비정체성의 정치윤리학이라는 대안

언어학자 롤랑 바르트는 '나'는 '나'라고 말하는 자에 지나지 않으며, 언어는 '인간'이 아닌 '주어'를 알 뿐이라고 말했다. 주어는 텅 빈 것으로서, 언어를 고갈시키는 데에 그친다는 것이다. 버틀러는 단일한 범주의 주체가 없는 '비정체성의 정치학'을 탄생시키고자 하였다. 그는 『윤리적 폭력 비판』에서 나만의 특이성을 정립하려고 하거나, 자기요약을 도모하려는 시도는 언제나 실패할 수밖에 없음을 설명한다. 언어의 어둠 속의 도약이랄까, 언어의 불투명성 때문에 나 자신에 대한 설명은 언제나 부분적이고 불완전할 수밖에 없다. 또한 나를 설명하는 일은 타자를 향한 말 걸기에 의존한다. 이것은 내가 타자의 지배를 받는다는 것이 아니라, 타자 역시 같은 이유로 '부름 받는' 주체라는 것을 의미한다. 버틀러는 "여기서 타자는 말하자면 나의 정동적affective 삶의 가능성의 조건이고, 내 것인 욕망들과 욕동들을 불러일으키는 대상-기원으로서의 내 안에 비치되어 있다"고 설명한다.

즉, 우리가 '나'를 정체화하기 위해서는 역설적으로 '나'를 조건 짓는 1인칭적인 관점을 탈피해야 한다. 정체성을 가지지 않은 주체를 단언할 때, 자아에 대한 일차적 불투명성을 인정할 때야말로 타자에게로 향하는 윤리적 확장이 가능해진다. 버틀러는 '나'가 타자의 영향을 받음으로써 '나me'로 존재하기 때문에, 타자에 의한 호명은 처음부터 윤리적 호명이라고 본다. 그렇다면 이제 너와 나는 완벽히 분리되는 존재가 아니다. 오히려 서로에게 연루되고 영향력을 주고받기에, 나는 너이고 너는 나이기도 하다. 여기가 바로 타자에 대한 윤리적 요청이 가능해지는 지점이다. 정박된 '나'를 말하기를 포기하고, 어떤 '나'도 자신에게 속하지 않음으로써, 우리는 서로에게 무책임하지 않을 것이며, 서로가 서로를 용서하고 화해할 수 있다. 당사자성, 정체성을 벗어난 연대의 정치적 가능성은 여기에 있다.

참고문헌

고미송, 『그대가 보는 적은 그대 자신에 불과하다』, 푸른사상, 2010.

권김현영 외, 『대한민국 넷페미史』, 나무연필, 2017.

권김현영 외, 『페미니스트 모먼트』, 그린비, 2017.

김윤화, 「SNS(소셜네트워크서비스) 이용추이 및 이용행태 분석」, 『KISDI STAT Report』 18-11, 2018.

김은실 외, 『더 나은 논쟁을 할 권리』, 휴머니스트, 2018.

게일 루빈, 신혜수 외 옮김, 『일탈』, 현실문화, 2015.

루인, 「젠더로 경합/불화하는 정치학: 트랜스젠더퀴어, 페미니즘, 그리고 퀴어 연구의 이론사를 개괄하기」, 『여/성이론』통권 제38호, 2018.

롤랑 바르트, 김희영 옮김, 『텍스트의 즐거움』, 동문선, 2002.

이나영 외, 『다시 보는 미디어와 젠더』, 이화여자대학교출판부, 2013.

이현재, 『여성혐오 그 후』, 들녘, 2016

정희진 외, 『양성평등에 반대한다』, 교양인, 2017.

정희진, 『페미니즘의 도전』, 교양인, 2013.

주디스 버틀러·아테나 아타나시오우, 김응산 옮김, 『박탈』, 자음과모음, 2016.

주디스 버틀러, 양효실 옮김, 『윤리적 폭력 비판』, 인간사랑, 2013.

주디스 버틀러, 김윤상 옮김, 『의미를 체현하는 육체』, 인간사랑, 2003.

주디스 버틀러, 조현준 옮김, 『젠더 트러블』, 문학동네, 2008.

재스비어 푸아, 「퀴어한 시간들, 퀴어한 배치들」, 『문학과사회』 제29권 제 4호, 2016, pp.88~118.

지배하는 말들에 지지 않는 법: '너의 잘못'이라는 사적인 폭력 앞에서

_정연

나의 오랜 후회로부터

나는 조금 사적인 이야기를 하려 한다. 가족 내의 폭력에 관한 이야기다. 어려서부터 우리 집은 아버지에 의한 아내폭력이 주기적으로 일어났고, 나는 오랫동안 그 폭력의 중재자 역할을 요구받았다. 내가 성인이 된 후에도 가족 내에서 일어난 폭력에 대해 알려오는 부모와의 통화는 대개 이런 식이었다.

"나 더 이상 이렇게 못 살겠어. 너희 집으로 올라가면 안 될까?"

"응, 언제든지 와요."

독립한 후 내 자취방은 종종 번갈아가며 가출하는 어머니와 아버지의 도피처가 되었다. 가족을 '중재'하는 내 역할은 사실 그들을 내 방에 머무르게 했다가 다시 돌려보내는 것뿐이었다. 이제 나는 그들이 중재라 부르는 이 역할을 자처할수록 폭력을 끝내는 것이 더 어려워진다는 것을 알고 있다.

이 글은 폭력의 문제를 개인화함으로써 오랜 시간 고통스러웠던 나와 내 가족들에 대한 후회로부터 시작되었다. 따라서 가족 내 젠더폭력의 경험을 토대로 폭력의 원인을 피해자에게 전가하고, 정당화하는 폭력의 지형을 그리고, 피해자들이 자신을 탓하는 지배자의 논리에서 벗어나, 본인이 겪은 폭력을 구조적으로 사유하기 위해 필요한 인식 태도를 모색한다.

주변적 남성성과
정상가족 이데올로기

주변적 남성으로서의 아버지

오랫동안 반복되어온 아버지의 폭력이 왜 일어난 것일까 생각해보면, 아버지가 늘 열을 올리며 성토했던 가족으로서의 '도리'가 떠오른다. 지겹도록 들은 말들. 네 엄마가 할 일을 안해서, 제때 연락을 받지 않아서, 반찬이 엉망이어서, 전화를 나보다 먼저 끊어서, 딸이 말대답을 해서, 아들이 시키는 대로 운동하지 않아서, 집이 더러워서, 내 말을 가만히 듣고 있지 않아서, 빨리 대답하지 않아서 등. 지금 생각하면 어이없을 정도로 수많은 역할과 규범들이 아버지의 폭력을 정당화하는 이유가 되었다. 아버지는 늘 자신과 아내, 자식들을 이런 방식으로 이해하고 규율했다. 남성과 여성의 역할 규범, 남편과 아내의 역할 규범, 부모와 자식의 역할 규범 그리고 이런 역할을 충실히 수행하는 사람들이 모인 역할 모델로서의 '정상적인 가족'. 아버지의 머릿속에 아버지를 포함한 가족 구성원 전부는 그런 역할을 해내야 하는 사람들로 강하게 각인되어 있었다.

그렇다면 아버지는 정말 그가 말하는 수많은 도리들을 지키면서 살아왔을까? 그렇지 않다. 가난한 피난민들이 꾸역꾸역 밀려드는, '하꼬방'이라 불리는 산동네에서 자란 그는 어린 시절부터 문제아, 불량 청소년, 깡패 같은 남성이었고, 소득이 적고 학력이 낮았으며, 자기 성질대로 만만한 이에게 폭력을 휘둘러온 사람이었다. 사람들에게 인정받는 건실한 남성이 아니라는 피해의식과 열등감은 그가 내게 해준 말 곳곳에서 드러난다. "대학도 못 나와서, 동년배들이 다 민주화 운동 할 때 그런 무리에도 못 어울려봤어. 그래도 화염병은 몇 번 끼여 던져봤다." "우리 어무이도 그라데, 내가 아들이 아니라 괴물 같아 보인다더라." 정상적인 남성이 아니라는, 어머니에게도 인정받지 못한 이상한 사람이라는 피해의식과 자기혐오는 아버지 의식의 기저를 이룬다. 최현숙은 가난한 남성에 대한 구술사 작업인 『할배의 탄생』에서 남성을 억압하는 정상성에 대하여 이렇게 정리한다. "아버지, 형제, 군대, 결혼, 아내와 자식들, 가장이라는 경제적 기능, 성기(페니스)의 크기, 성행위의 강도와 범위와 횟수(여러 여자들하고 많이), 여자관계에서 돈이 가지는 힘(지불능력과 의사 결정권), 남성다운 신체와 성격, 남들에게 받는 남자대접 등."* 이에 따르면 아버지의 삶은 가

* 최현숙, 『할배의 탄생』, 이매진, 2016, 257쪽.

정을 이루고, 군대를 나오고, 잠시 동안 남자다운 성격과 신체를 가질 수 있었다는 것을 제외하면 항상 정상적인 남성의 조건들을 갖추지 못한 주변적 남성의 위치에 있었다는 것을 알 수 있다.

그 스스로도 성공한, 정상적인 남성이 아니라는 것을 잘 알고 있었던 아버지에게 가족이란 어떤 의미였을까? 건실한 남편과 아버지 역할을 통해 정상적인 남성으로 인정받을 수 있는 유일한 희망 같은 것이었을 것이다. 이제까지의 삶을 성공적으로 경영하지 못했던 가운데, 결혼과 가족을 통해 다시한 번 주어진 정상적인 삶의 경로로 편입할 수 있는 기회. 이제까지의 실수를 만회하기 위해서라도 더 잘하고 싶었을 것이고, 잘해야 한다고 생각했을 것이다. 그런 아버지의 진심과 각오는 정상가족 이데올로기와 결합해 아버지를 포함한 가족들에게 수많은 역할과 의무를 지워주었다.

주변적 남성이 가족에게 가하는 폭력

아버지는 자신에게 그러듯이, 가족들에게도 정상적인 어머니, 아내, 자식, 가족의 역할 규범을 강제했다. 내게 본가가 애증의 공간이자 전쟁이 일어나는 공간이었다고 기억되는 것은 늘 이런 규범을 핑계로 갈등과 폭력이 일어나는 곳이었기 때문이다. 아버지는 가족 내에 자신이 원하는 세계를 만들기 위해 늘 주변적 남성성의 자원을 동원해 권력을 행사했다. 평화학 연구자 정희진은 공저 『한국 남성을 분석한다』에서 한국 남성의 식민지 남성성을 분석하며 지배적 남성성과 구분되는 주변적 남성성의 자원을 다음과 같이 정리한다. "지배적 남성성의 자원이 사법 권력, 지식, 자본 등 주로 구조적이고 합법적이며 대중이 욕망하는 일반적인 권력이라면, 주변적 남성성의 특징은 직접적 폭력이나 협박, 치킨게임과 같은 '대로상에 드러눕기', 낭만화된 하위문화, 여성의 모성과 연민을 자극하는 '자작극' 등이 있다."* 정희진이 언급했듯 주변적 남성성이 가족(또는 여성)에게 더 직접적이고 즉각적인 영향력을 행사하는 특징을 가진다는 점을 상기해보면 자연스레 아버지의 행동, 표정, 목소리가 떠오른다.

소득이 낮은 아버지는 대부분의 가계 위기를 가사노동과 임금노동을 동시에 요구하며 어머니를 이중 착취하는 방식으로 넘겼다. 평상시에는 어머니가 집 안에 머물러 조용히 아내와 엄마로서만 기능하기를 요구하다가도, 집안 살림이 어려워지면 면박과 폭언, 폭력을 통해 어머니가 일을 하지 않을 수

---

* 정희진, 「한국 남성의 식민성과 여성주의 이론」, 『한국 남성을 분석한다』, 교양인, 2017, 50쪽.

없도록 만들었다. 그리고 어머니가 벌어온 돈의 거의 대부분을 자신의 계좌로 입금해 그가 가족에게 내어주는 돈으로 만들었다.

그럼에도 불구하고 아버지는 어머니의 이런 이중 노동을 폄하하기 일쑤였다. 어머니를 착취함으로써 누리는 안락함에는 침묵하고, 그 노동은 폄하해 가족을 단속하는 가부장이 됨으로써 자신의 남성성을 보전했다. 이런 모습들은 아버지가 그토록 부르짖은 정상가족이라는 허울이 얼마나 약자에게 억압적인 방식으로 만들어진 허위인지를 반증한다. 종종 우리 집을 방문한 손님들은 하나같이 깔끔하고 야무진 살림을 사는 우리 집을 부러워했다. 그러나 아버지에게 그건 중요한 것이 아니어서 어머니가 그 모든 일을 다 해놓더라도 반드시 폭력을 써서라도 바로잡아야 할 흠결을 찾아내거나 만들어냈다.

더욱이 나와 남동생의 존재는 아버지가 어머니에게 실패의 혐의를 씌우기에 더욱 적절한 핑계였을 것이다. 아버지를 못 참고 욕지거리를 내뱉는 딸도, 경계성 언어 발달 장애가 있는 아들도 다 '정상인' 구실을 못하게 만든 어머니의 탓이었으므로. 그래서 아버지는 어머니 보란 듯이 동생과 나에게 학대에 가까운 체벌, 훈육, 운동, 전형적 성역할 및 직업 선택 강제 등의 학대를 일삼았다. 아내가 건사하지 못하는 자식들을 자신이 건사하고 있다는 점을 드러내 보이기 위함이었다.

특히 남동생은 아버지가 주변적 남성성의 불안감을 더 자극받고 투사할 수 있는 대상이었다. 주변적 남성이나 장애인에게 가해지는 배제와 차별의 논리를 알기에 반드시 평범한 남성으로 만들어야 한다는 투지와 책임감을 불러일으키는 대상. 또한 폭력을 동원해 강하게 규율할수록 자신에게는 도덕적 우월감을, 다른 가족들에게는 수치심과 죄책감을 줄 수 있는 존재. 아버지는 동생이 군 면제 판정을 받자 사람들에게 남자 대접받을 수 있는 직업을 가져야 한다며 항만 기술직에 앉혔다. 소득은 높았지만 육체적으로 고되고 힘든 일자리였다. 그렇게 1년간 밤낮을 격일로 바꿔가며 일한 동생은 어느 날 일을 마치고 뇌전증으로 쓰러졌고, 지금은 쉬며 병을 치료하고 있다. 이렇게 오랜 시간 정서적·신체적·경제적으로 착취당하며 쇠약해진 가족은 다시 아버지의 폭력을 정당화하는 데 동원된다.

지배하고 조종하는 말들과
그것이 파열하는 순간

어머니의 존재를 왜곡하는 아버지의 말들과 균열

아버지는 늘 폭력의 원인으로 문제적 행동을 한 가족들을 지목했다. 그 논리의 핵심은 가해자와 피해자의 구도를 역전시켜 가해자가 스스로를 철저히 피해자화하는 것이었다. 이는 아내와 자식들을 '폭력을 당할 만한 사람'으로 만드는 아버지의 언술에서 잘 드러난다. 아버지는 특히 어머니를 '눈치 없는' '게으른' '실력 없는' '허영심 많은' '부족한' 사람으로 규정하고, 자신이 '너희들을(아내와 자식들을) 건사하느라 얼마나 힘든지' 설명하는 데 힘을 쏟았다. 그리고 이 말에 대한 근거를 만들기 위해 죄의식 없이 상황을 조작하고 거짓말을 반복했다.

주기적으로 이루어진 아버지의 거짓말들은 다양하다. "동생의 장애를 책임지고 고치려고 끝까지 관심을 기울인 건 나야, 엄마는 계속 방관만 했어"라거나, 가벼운 접촉 사고로 2~3일 치료하면 될 일을 "운전사고로 다리가 부러졌고, 한 달간 일을 못 하는데 엄마는 심각성도 모르고 괜찮냐고 물어보지도 않는 생각 없는 사람이다"라는 말로 부풀려 나를 기함하게 만들기도 했다. 아버지의 말만 들으면 어머니는 가족으로서의 책임과 판단을 모두 아버지에게 미루고 자신의 역할은 나 몰라라 하는 파렴치한 아내였다.

이렇듯 피해자와 가해자의 위치를 뒤바꿔버리는 아버지의 논리는 내면화되어 가족 모두의 지지를 받았고 어머니에게도 뿌리 깊은 영향력을 행사했다. 어머니 스스로도 아버지의 폭력을 해석함에 있어서 "내가 문제였지"라거나 "내가 안 그러려고 했는데"라는 말로 시작한다. 이는 폭력을 약자에게 전가하는 아버지의 논리에 어머니가 동조함을 보여준다.

그러나 어머니를 폭력의 원인 제공자이자 가해자로 지목하는 아버지의 논리는 어머니를 완벽하게 설명하지 못한다. 집 안에선 아버지의 논리에 따라 가족 안의 문제아, 가해자가 되어야 했던 어머니가 아버지의 강요에 못 이겨 임금노동을 할 때면 예상치 못한 복잡하고 생명력 넘치는 모습을 보여줬기 때문이다.

어머니는 아버지의 강압 속에서도 적극적으로 자신의 활로를 찾았다. 아버지에게 임노동을 요구받은 어머니는 한때 자갈치시장에 있는 중소형 마트에서 일한 적이 있다. 마트에 입고되는 물류를 관리하고 판매하는 일이었는데, 출근 첫날 처음 해보는 고된 일에 내 앞에서 발이 퉁퉁 부은 채로 울던 어머니는 하루 종일 물과 햄, 고추장을 날라야 하는 곳에서 오래 버티지 못할 거라는 모두의 예상을 깨고, 5년을 같은 곳에서 근무하며 농협 자갈치 지점의 에이스가 되어갔다. 멍청하고, 눈치 없고, 근성이 부족하다는 아버지의 해석을 뒤로하고 어머니는 사회적으로 능력을 인정받으며 자신의 뿌리가 되어줄 동료와 친구 관계를 만들어갔다. 어머니가 한창 일과 관계에 자신감이 붙었던 어느 날엔가 어머니와 이모들의 모임에 초대된 날이 있다. 다들 한껏 흥이 올라서 시장 안에 있는 오래된 나이트클럽엘 들어갔는데, 그렇게 손님도 없는 나이트클럽에서 이모들의 비호를 받으며 같이 춤을 췄던 기억, 그 안에서 자유롭고 신나 했던 어머니의 모습은 날 웃음 짓게 하는 기억이다.

이런 어머니의 모습은 아버지의 논리가 얼마나 허위적이고 빈약한 것인지를 생생히 드러내는 증거이기도 했다. 아마 어머니 스스로도 알고 있었을 것이다. 집 안에선 늘 문제적인 사람이 되어 욕을 먹는 자신이, 밖에만 나가면 여전히 똑같은 사람임에도 불구하고 있는 그대로 사람들에게 환영받고 해방감을 느끼게 된다는 것을. 아버지의 논리와 자신이 경험하고 느끼는 것 사이의 균열을.

혼란 속에서 무너져 내리는 약자

나는 한창 건강하게 일하던 때의 빛나는 어머니가 좋았는데, 어머니가 집 밖의 생활에 익숙해지고 아버지 없이도 늠름해지면서 어머니에 대한 아버지의 지배력이 약해지게 되자, 아버지는 어머니를 다시 자신의 지배 아래에 두고자 했다. 아버지의 논리가 힘을 잃어갈수록, 아버지는 어머니가 느끼는 균열을 무화하기 위해 더 파렴치한 상황 조작과 무력을 동원해 어머니를 이상한 사람으로 만들었다. 어머니가 스스로를 괜찮은 사람이라 여길 수 있겠다 싶으면 어김없이 자신이 이상한 사람이라는 생각이 밀려오게끔 만드는 폭력이 반복되었다. 그렇게 어머니의 농협 생활 5년 차에 그녀를 파렴치한 사람으로 규정하는 아버지의 상황 조작은 의처증에 이르며 극으로 치달았다. 스스로의 분노와 피해의식에 속아 넘어간 아버지의 극심한 폭력으로 인해 어머니는 다시 집 안으로 돌아올 수밖에 없었다. 그렇게 어머니는 다시 가족 내에서 이상한 사람이 되어야 했고, 강압적인 아버지의 논리와 도저히 그 논리를 인정할 수 없게 하는 자기 경험 사이의 혼란으로 심리적으로도, 육체적으로도 점점 쇠약해졌다.

정희진은 칼럼 「정신을 차리자! 생각을 하자! 〈비밀은 없다〉」에서 영화 가스등Gaslight(George Cukor, 1944)을 이용해 어머니와 같은 가부장제 사회의 여성이 겪는 인식론적 곤경 (정서적 학대)을 설명한다.* 가스등은 아내의 재산을 노리고 접근한 남편의 교묘한 속임수가 여성의 인식에 미치는 영향을 그린다. 아내는 남편에게 매일 밤 희미하게 깜빡거리는 가스등과 다락방에서 들리는 발소리에 대해 이야기하지만, 남편은 오히려 아내의 경험을 부정하며 그녀를 미친 사람으로 몰아간다. 아내는 남편의 말에 따라 점점 자신을 의심하게 되지만, 영화 후반 깜빡거리는 가스등은 사실이며, 다락방의 발소리는 아내 집안의 재산을 찾고자 다락방을 뒤적이는 남편의 발소리였다는 것이 밝혀지고 그녀는 비로소 자신의 경험을 믿게 된다.

미국의 심리상담가 로빈 스턴Robin Stern은 가스등에서 착안해 상황을 교묘히 조작함으로써 상대를 심리적으로 조종하는 가스라이팅이라는 개념을 정립한다. 정희진은 그의 칼럼에서 로빈 스턴의 저서 『가스등 이펙트』의 부제가 '보이지 않는 조종에서 살아남는 법How to spot and survive the hidden manipulation'이라는 점을 조명하며 가스라이팅의 핵심이 누군가에게 조종당하는 현실이 보이지 않는 곤경임을 환기한다. 어머니의 인식론적

* 정희진, 「정신을 차리자! 생각을 하자! 〈비밀은 없다〉」, 테마연재 『정희진의 혼자서 본 영화』, 한국영상자료원, 2018.

곤경도 마찬가지다. 아버지의 언어 안에서 자기 경험을 믿지 못하고 자신의 입체적 진실을 이해하지 못하는 어머니의 불안과 자기 의심은 아버지의 폭력이 반복될수록 증가했다.[**]

이것은 아버지에게는 진실을 왜곡하고 오로지 네(어머니) 탓이라고 규정할 수 있는 권력이 있지만 어머니에게는 그럴 권력이 없기 때문이다. 아버지의 말대로 어머니가 나(어머니) 때문이라고 말한다면 그것은 자신의 가슴을 무너뜨리는 일이 된다. 그렇다고 너(아버지) 때문이라고 말한다면 자신의 가슴이 무너져 내린 세월까지 부정하며 진실을 강고하게 가로막는 아버지의 힘에 저항해야 한다.

그건 당신의 잘못이 아니다

어머니를 가해자로 만드는 아버지의 폭력이 극에 달해, 균열이 감당할 수 없을 정도로 그녀를 힘들게 하면 어머니는 집을 떠나곤 했다. '더는 이렇게 살 수 없다'며. 일 년에도 몇 차례 어머니는 집을 떠나 우리 집을 찾았다. 우리 집으로 오면 어머니는 그간 자신에게 부과되었던 노동과 역할들을 잠시나마 내려놓을 수 있었다. 그런 어머니에게 내가 했던 일은 그

[**]   정희진, 앞의 글, 2018.

저 어머니가 편안히 쉬면서 하고 싶은 것을 할 수 있게 도와주는 것이었고, 어머니의 비위를 맞추며 그녀의 억울함과 분노가 가라앉기를 기다리는 것이었다. 그러나 편안히 쉬는 것처럼 보였던 어머니는 우리 집에서도 "내가 이상한 것 아닐까"라는 자기 의심과 불안을 거두지 못해 괴로워했다. 그리고 집을 떠나 있는 기간이 길어지고 불안이 커지면 어김없이 집으로 돌아가길 원했다. 가출은 이런 식으로 언제나 한 달을 넘기지 않았기에 난 그 수순을 자연스럽게 여겼고, 그저 순간순간 어머니의 요구를 거스르지 않고 따르고자 했다.

나는 그게 어머니를 '사랑하기 때문에' 할 수 있었던 행동이라고 생각했다. 그런데 그게 정말 진실로 어머니를 사랑하는 방법이었을까? 미국의 사회운동가이자 여성주의자인 벨 훅스bell hooks는 『올 어바웃 러브』에서 사랑에 관한 우리의 무지를 지적하고 사랑의 명료한 정의가 필요함을 역설한다. 벨 훅스는 스콧 펙Scott Peck의 사랑에 대한 정의를 빌려와 다음과 같이 서술한다. 사랑은 "자기 자신과 다른 사람의 영적인 성장을 위해 자아를 확장하려는 의지"로서, "사랑은 실제로 행할 때 존재한다. 사랑은 사랑하려는 의지가 발현될 때 존재할 수 있다는 말이다. 따라서 사랑은 의도와 행동을 모두 필요로 한다. 여기서 의지를 갖는다는 것은 선택한다는 것이다.

아무나 다 사랑을 하는 것은 아니다. 사랑하려는 '의지'를 갖고서 사랑을 '선택'하는 사람만이 사랑을 할 수 있다."* 이는 사랑이 즉자적인 '감정'이 아니라 의지를 가지는 '행동'이라는 뜻이다. 이때의 의지란 "솔직하고 열린 마음으로 상대를 보살피고, 애정을 표현하고, 상대에 대해 책임을 지고, 상대를 존중하고, 상대에게 충실과 헌신을 다하고, 상대를 신뢰하는"** 행동으로 이어지는 실천적 의지를 의미한다.

벨 훅스의 문장은 무엇이 사랑이고, 무엇이 사랑이 아닌지에 대한 판단과 지성을 요구한다. 나는 그간 어머니를 사랑한다는 명목으로 그녀의 고통을 대했던 많은 순간들을 되짚어 보게 되었다. 대부분 어머니의 말을 제대로 듣고 있지 않았거나, 듣는다 해도 어머니의 혼란스러운 말을 말 그대로 '그저 듣고 있기만 했을 뿐' 마음을 기울여 응답하지 않았던 장면들이 떠올랐다.

다만 조금 다르게 '행동'했던 때가 있다면, 그때는 어머니와 내가 떨어져 있을 때였다. 빨래방에서 세탁기에 동전을 넣고 세탁기가 돌아가고 있는 걸 멀뚱히 보고 있는데, 어머니에게 전화가 왔다. 본가로 되돌아간 후 반복된 아버지의 폭력에 혼

---

* 벨 훅스, 이영기 옮김, 『올 어바웃 러브』, 책읽는수요일, 2012, 34-36쪽.
** 벨 훅스, 위의 책, 46쪽.

란스러워하며 내게 전화를 건 것이었다. 거의 인격 살해에 가까운 폭언으로, 어머니 말로는 '심장이 상하고, 머리가 어지러운' 가운데 짐짓 담담한 척했다. 어머니는 내게 본인이 생각하는 사건의 개요를 요모조모 설명하고서는 도저히 이해가 안 된다는 듯이 물었다.

"밥을 차려놓으라고 했는데 집에 없었다고. 저녁 먹으러 들어올 시간이 되어서, 밥을 차려놓고 나갔는데. 그 시간에 운동하러 집을 나가 있었다고…"

"내가 잘못한 거가? 내가 정말 잘못한 건가?"

당연히 그건 어머니의 잘못이 아니었다. 자신의 남성성을 보전하기 위해 주기적으로 어머니를 가해자로 만드는 아버지의 권력과, 그에 대한 아버지의 무지에 분노가 올라왔다. 동시에 그간 수없이 어머니에게 "그러게, 미리 연락을 해놓고 나가지" "꼭 그 시간에 나갔어야 했어?" "가도 되냐고 물어보지"라는 식으로 어머니를 힐난했던 나의 과거가 함께 떠올랐다.

"아니야, 엄마. 그건 엄마 잘못이 아니야. 엄마가 이상한 게 절대 아니야. 알지? 엄마는 절대 이상한 사람이 아냐."

"맞나? 난 내가 잘못한 건 줄 알고…"

내 말을 들은 어머니는 '그런 거였냐'며 전화기를 들고 아이처럼 한참을 서럽게 울었다. 이제까지 자신이 잘못한 건 줄만

알았다고. 그 말을 들으며 오랜 시간 '자기 탓이 아니라는' 그 말을 듣지 못하고 불안과 자기 의심으로 얼룩졌을 어머니의 마음을 가늠하는 건 어렵지 않았다. 어머니가 이어서 내게 해준 말은 '한편으로 마음이 후련하다'는 것이었다. 충분히 긴 대화를 이어가지는 못했지만, "그건 당신의 잘못이 아니다"라는 말처럼 고통의 근원을 사유하며 피해자의 마음을 편하게 해주는 말은 피해자의 고통에 침묵으로 일관한 채 그저 피해자의 몸만을 편안하게 해주는 행위와는 다르다.

어머니가 폭력을 경험한 후 자주 집을 뛰쳐나오는 것은 사건을 개인의 문제로 축소시키고, 책임을 약자에게 전가하는 지배자의 사건 해석에서 자유롭지 못하다는 신호였을 것이다. 자유롭지 못한 존재가 자신의 억압과 고통을 드러내는 신호. 자신을 입체적으로 이해한다는 것은 구조적인 억압에 대한 성찰까지 포함하는 것이지만 우리 가족 안에는 구조적 억압에 대한 지성적 사유와 대화를 가로막는 권력관계가 팽배했다. 그로 인해 우리 가족은 오랜 시간 폭력을 개인의 탓으로 전가하는 인식을 성찰하지 못하고 폭력, 가출, 회귀의 수순을 반복했다.

심리학자 정혜신은 『당신이 옳다』에서 끊임없이 자기 존재를 부정하고 자신을 지워나가는 '자기 소멸'이 극에 다다라

"자기가 흐려진 사람은 반드시 병이 든다"*고 말한다. 더불어 공황 발작을 자기 소멸이라는 개념을 통해 다음과 같이 설명하고 있다. "자기성이 소멸된 채 부모의 기대나 사회적 역할, 가치 등에 전적으로 기대어 살아가던 사람은 절대적 의존 대상이던 그 부모나 배우자와 이별하거나 절대적인 내 역할이라고 믿어 의심치 않던 일이 없어지거나 그 가치가 빛을 잃을 때 공황발작을 경험할 수 있다."** 자신의 고통을 사유하지 못하고 억압적인 정상가족 역할을 수행해왔던 내 부모 모두가 오랜 시간 공황 발작으로 고통 받고 있음은 우연이 아닐 것이다.

---

* 정혜신, 『당신이 옳다』, 해냄, 2018, 39쪽.
** 정혜신, 위의 책, 49쪽.

고통에서 출발하는
사유에 대하여

고통의 신호에 주목하기

"자신을 모른다는 것은 위험하다. 본인과 다른 사람 모두에게
그러하다."*** 자신 안의 다양한 경험들을 직면하고 내면의 타
자를 발견한 우리가 다시는 예전의 익숙했던 모습으로 돌아
가지 못하게 된다고 하더라도. 그래서 참을 수 없는 고통으로
집을 뛰쳐나오는 어머니와 아버지에게 나는 고통의 신호에
주목하자고 말하고자 한다. "느낄 수 없는 것에 대해서는 돌
보지도 않기"**** 때문에. 리베카 솔닛은 나병에 대한 설명을 통
해 고통의 의미를 다음과 같이 역설한다. "나병은 신경을 짓
눌러 아무런 감각을 느낄 수 없게 만들 뿐이고, 그렇게 아무
것도 느낄 수 없게 되면 환자들은 그 부위를 돌보지 않게 된
다. 피부를 상하게 하는 것은 병이 아니라 환자 본인이다. 스
스로가 제 손가락과 발가락, 발, 손을 베이고 화상을 입고, 멍
들게 하고, 벗겨지게 하다가, 결국 그 부위를 잃게 되는 것이
다. 고통이 없다면 우리는 위험에 처하게 된다. 느낄 수 없는

***   리베카 솔닛, 김현우 옮김, 『멀고도 가까운』, 반비, 2016, 83쪽.
****   리베카 솔닛, 위의 책, 151쪽.

것에 대해서는 돌보지도 않는다."*

　나병의 정식 명칭은 한센병이다. 한센병은 피부에 나타나는 병적 변화의 종류에 따라 나종한센병과 결핵한센병으로 나눌 수 있다. 리베카 솔닛이 언급한 한센병은 결핵성 한센병으로 추정되는데, 결핵성 한센병의 증상이 나타난 피부 부위는 무감각 또는 과다 감각 상태가 된다. 때문에 손이나 발과 같은 신체 부위에 외상이 생겨도 이를 돌볼 수 없어 신체 일부가 썩거나 절단되기도 하는 것이다. 고통은 아픈 몸을 치료하라고 몸이 보내는 신호다. 나는 내면이 보내오는 고통의 신호도 이와 같다고 생각한다. 어머니와 아버지에게는 자신의 존재가 보내오는 신호를 무시하지 않고 정직하게 자신과 대면하는 계기가 필요하다.

사유의 여정에서 마주치는 질문들

고통은 문제가 있음을 반증하는 신호이자, 문제를 드러냄으로써 자신에 대한 앎으로 진입하는 입구가 될 수 있다. 하지만 고통 자체에 어떤 신비로운 힘이나, 대단한 의미가 있는 것은 아니라는 점을 강조하고 싶다. 그렇다면 고통이 보내오는

---

*　리베카 솔닛, 앞의 책, 151쪽.

신호와 마주한 다음 우리에게 필요한 인식론적 태도는 무엇일까.

고통은 그것을 겪는 사람에게는 비참함을 주고 비극을 개별적인 것으로 느끼게 한다. 그 감정에 휩싸이지 않고 빠져나오는 것은 쉽지 않다. 그럼에도 불구하고 당장의 고통스러운 감정에 매몰되지 않아야 하는 것은, 비참함을 개별화하는 것이 고통의 근원이 사회적이라는 것을 은폐하기 때문이다. 앞서도 언급했듯, 고통은 사건을 인식하고 해결하는 중요한 실마리가 될 수 있다. 그러므로 고통 앞에서 문제를 반복하지 않기 위해서는 고통을 발생시킨 사회적 근원을 찾아가는 사유의 여정이 필요하다.

『예루살렘의 아이히만』을 쓴 한나 아렌트는 사유한다는 것에 대해 이렇게 말한다. "우리에게 도움을 줄 수 있는 유일한 것은 심사숙고하는 것이다. 그리고 사유한다는 말은 항상 비판적으로 생각한다는 뜻이고, 비판적으로 사유하는 것은 늘 적대적인 태도를 취하는 것이다. 실제로 모든 사유는 엄격한 법칙, 일반적인 확신 등으로 존재하는 모든 것의 기반을 약화시킨다. 사유하다가 일어나는 모든 일, 거기에 존재하는 것은 그게 무엇이건 비판적으로 검토할 대상이 된다. 즉 사유 자체가 그토록 위험한 일이라는 단순한 이유 때문에, 위험천만한 사유란 존재하지 않는다. 이걸 어떻게 확신하느냐면… 나는 아무 생각도 하지 않는 편이 훨씬 더 위험하다고 생각하기 때문이다. 사유가 위험하다는 것을 부인하지 않는다. 하지만 나는 사유하지 않는 것이 훨씬 더 위험하다고 말하겠다."*

심사숙고는 '잠시 멈춰서 생각하는 순간'에 가능하다. 아렌트는 이렇게 말한다. "'멈춰서 생각해보라'라는 영어 관용구가 있어요. 어느 누구도 하던 일을 멈추지 않는 한 생각에 잠길 수 없어요."** '잠시 멈춰서는 순간'에 비로소 심사숙고할 수 있다는 말은 폭력의 당사자와 목격자, 이들과 연대하고자 하는 이에게 필요한 인식론적 태도를 시사한다.

고통을 마주한 다음엔 일단 멈춰 서서 생각하는 태도가 필요하다. 우리가 심사숙고할 대상은 순간의 고통 또는 즉자적 사고가 아니라, 징후 너머에 있는 연속된 질문들이다. 폭력의 당사자가 고통에 매몰되는 것, 사유하지 않고 질문하지 않는 것은 권김현영이 지적하는 바와 같이 "쉬워 보이지만 가장 무능해지는 접근"***일 것이다. 폭력을 경험한 이가 무능해지지 않기 위해 필요한 사유를 생각하면 어머니와의 대화가 떠오

* 　김은주, 『생각하는 여자는 괴물과 함께 잠을 잔다』, 봄알람, 2017, 36쪽.
** 　한나 아렌트, 윤철희 옮김, 『한나 아렌트의 말』, 마음산책, 2016, 99쪽.
*** 　권김현영, 「성폭력 2차 가해와 피해자 중심주의의 문제」, 『피해와 가해의 페미니즘』, 교양인, 2018.

른다. 피해자가 겪는 고통 사이에서 심사숙고함으로써, 그가 자책이나 불안 속으로 미끄러지지 않도록 하는 사유와 말. 또한 이는 피해와 가해의 경험을 구조 속에서 사유하게 만드는 말일 것이다. 그 말들은 연속적이고 복잡한 질문들과 함께 무엇이 문제인지 바로 가려내고, 젠더폭력의 문제점을 올바르게 정치화할 수 있게 할 것이다. 그러므로 우리들이 폭력의 피해에 굴하지 않고 연대하고자 한다면 이 사유의 여정에서 마주치는 질문들과 직면하는 것이 필요하다.

참고문헌

권김현영 외, 『피해와 가해의 페미니즘』, 교양인, 2018.

김은주, 『생각하는 여자는 괴물과 함께 잠을 잔다』, 봄알람, 2017.

로빈 스턴, 신준영 옮김, 『그것은 사랑이 아니다』, 알에이치코리아, 201.

리베카 솔닛, 김현우 옮김, 『멀고도 가까운』, 반비, 2016.

벨 훅스, 이영기 옮김, 『올 어바웃 러브』, 책읽는수요일, 2012.

수전 손택·조너선 콧, 김선형 옮김, 『수전 손택의 말』, 마음산책, 2015.

수전 손택, 이재원 옮김, 『타인의 고통』, 이후, 2004.

엄기호, 『고통은 나눌 수 있는가』, 나무연필, 2018.

정혜신, 『당신이 옳다』, 해냄, 2018.

정희진, 『아주 친밀한 폭력』, 교양인, 2016.

정희진, 「정신을 차리자! 생각을 하자! 〈비밀은 없다〉」, 테마연재 『정희진의 혼
　　　자서 본 영화』, 한국영상자료원, 2018.

정희진, 「한국 남성의 식민성과 여성주의 이론」, 『한국 남성을 분석한다』, 교양
　　　인, 2017.

정희진, 『혼자서 본 영화』, 교양인, 2018.

최현숙, 『삶을 똑바로 마주하고』, 글항아리, 2018.

최현숙, 『할배의 탄생』, 이매진, 2016.

한나 아렌트, 윤철희 옮김, 『한나 아렌트의 말』, 마음산책, 2016.